두 번만 읽으면 합격하는
학생부종합전형
사용설명서

두 번만 읽으면 합격하는
학생부종합전형
사용설명서

초판 1쇄 인쇄 | 2016년 7월 11일
초판 1쇄 발행 | 2016년 7월 15일

지은이 | 박정훈·이훈복
펴낸이 | 박영욱
펴낸곳 | 북오션 에듀월드

편 집 | 권희중·이소담
마케팅 | 최석진·임동건
표지 및 본문 디자인 | 서정희·심재원
세무자문 | 세무법인 한울 대표 세무사 정석길(02-6220-6100)

주 소 | 서울시 마포구 월드컵로 14길 62 (서교동), 4F
이메일 | bookrose@naver.com
페이스북 | facebook.com/bookocean21
블로그 | blog.naver.com/bookocean
전 화 | 편집문의: 02-325-9172   영업문의: 02-322-6709
팩 스 | 02-3143-3964

출판신고번호 | 제2015-000126호

ISBN 978-89-6799-292-7 (13370)

이 도서의 국립중앙도서관 출판예정도서목록(CIP)은 서지정보유통지원시스템
홈페이지(http://seoji.nl.go.kr)와 국가자료공동목록시스템(http://www.nl.go.kr/kolisnet)에서
이용하실 수 있습니다. (CIP제어번호 : CIP2016014770)

두 번만 읽으면 합격하는
학생부종합전형 사용설명서

박정훈·이훈복 지음

북오션
에듀월드

　　현대 사회가 복잡하고 다양화되어감에 따라 사회에서 요구하는 인재는 다

양한 경험을 통해 복잡·다양한 변화에 빨리 적응하고 대응할 수 있는 인재입

니다. 그래서 대학들은 현 상황에 맞게 학생들을 선발하고 사회에서 요구하는

인재를 양성하여 사회에 내보내고자 학생 선발방식의 변화를 추진하였습니다.

그래서 내신 성적과 수능 성적만으로 학생들을 평가하기보다는 고등학교 3년

간의 학교생활을 통해 얻은 학업능력과 비교과 활동 등을 종합적으로 평가하

여 창의력과 잠재력이 우수한 학생을 선발하는 방식인 학생부종합전형(舊, 입학

사정관전형)을 시행되게 되었습니다.

　　이러한 학생부종합전형은 2014학년도 입시까지 입학사정관전형으로 시행되

었던 것을 대학입시 간소화 정책을 추진하면서 2015학년도 입시부터 명칭을

바꿔 '학생부종합전형'이라는 명칭으로 시행하는 제도입니다.

　최근 학생부종합전형의 선발 인원이 늘어남에 따라 언론이나 인터넷 등에 학생부종합전형에 대한 자료가 넘쳐납니다. 하지만 옛 속담에 '구슬이 서 말이라도 꿰어야 보배'라는 말이 있듯이 수많은 정보 중에서 본인에게 필요한 정보가 무엇이고, 어떻게 해석해 나에게 적용할지가 무엇보다 중요합니다.

　최근 동아리 활동의 과열을 빗댄 '동맥'이라는 유행어나 부풀려진 자기소개서를 빗댄 '자소설' 역시 학생부종합전형의 근본적인 취지와 방향성을 제대로 이해하지 못한 오해에서 비롯되었다고 할 수 있습니다. 학생부종합전형은 고등학교 3년간의 학교생활을 충실하게 한 학생 중에서 학업역량, 전공 적합성, 인성 등이 우수한 학생들을 선발하는 전형이기 때문에 1학년 때부터 진로목표를 정한 후 그것에 맞게 전략적으로 준비하는 것이 중요합니다. 막연하게 '비교과'와 '교내 스펙' 등을 무작정 준비할 것이 아니라 자신의 현재 역량과 자신이 지원할 학과의 특성을 감안해 고교 생활과 대학 입학 후를 연계해 준비해야 합니다.

학생부종합전형을 전략적으로 준비하려면, 학생부종합전형이 어떠한 특징을 가지고 있고, 어떠한 방식으로 선발하는지를 종합적으로 파악하는 것이 필요합니다. 그리고 학생부종합전형에서 가장 중요한 학교생활기록부는 어떻게 관리하는 것이 유리하고, 학교생활기록부를 보완할 수 있는 자기소개서는 어떻게 작성하는 것이 좋은지를 알고 준비한다면 보다 나은 학생부종합전형 대비가 될 수 있습니다. 학생들이 가장 놓치기 쉬운 기본적인 것이 바로 체계적인 학교생활기록부 관리와 충실한 교내 생활과 기본적인 학습입니다.

대학에서 실제 평가를 담당하는 입학사정관들은 학교생활기록부와 자기소개서, 추천서 등의 서류 평가를 거쳐 면접에서 학생의 역량을 평가합니다. 어느 것 하나 소홀히 해서는 안 되지만 가장 기본적인 대비부터 충실히 해야 할 것입니다.

　이 책 한 권으로 학생부종합전형으로 대학을 진학하는 데 필요한 모든 정보와 전략을 다 보여드렸다고 말할 수는 없지만, 학생부종합전형에 관련된 정보의 홍수에서 제대로 된 정보를 선택하여 해석하고 본인에게 맞게 활용하여 준비하는 데에는 도움이 되실 거라고 생각됩니다. 아무쪼록 진로목표를 정하고 자신만의 장점과 잠재력을 살려 학생부종합전형에 도전하는 수험생 여러분들께 하나의 소중한 지침서가 되길 바랍니다.

지은이 박정훈, 이훈복

Part 2 학생부종합전형 제대로 알기

Part 3 학생부종합전형의 핵심 학생부 관리 요령

학생부종합전형의 핵심 자기소개서 작성법
Part 4

최종 합격을 위한 면접 핵심 포인트
Part 5

Part 6 학생부종합전형 합격을 위한 진로 설계

Part 1

새롭게 변화되는
2018학년도 입시
학생부종합전형

01

2018학년도 대학입시의 특징

2018학년도 대입전형의 가장 두드러진 변화는, 학생부종합전형 등 학생부 중심 전형의 선발 비율이 크게 상승했다는 점과 수능시험에서 영어 영역이 절대평가로 바뀐다는 점이다. 2018학년도 학생부 중심 전형은 2017학년도보다 3.6%포인트 증가하여 전체 모집 인원(352,325명)의 63.9%(225,092명)를 선발하게 된다. 그리고 2017학년도까지의 수능시험은 전 영역(한국사 제외)이 상대평가로 시행되었지만, 2018학년도부터는 영어 영역이 절대평가로 바뀌면서 동일한 시험 내에서 평가의 잣대가 2가지가 되는 셈이며, 1~9등급까지 등급으로만 학생들에게 제공된다.

수능시험의 이러한 변화 때문이라고 단정할 수는 없지만, 수능시험 위주로 선발하는 정시 모집의 선발 비율이 2017학년도에 전체 모집 정원 대비 30.1%이었던 것이 2018학년도에는 26.3%로 무려 3.8%포인트 줄어든다.

이밖에 2018학년도 대입전형과 관련된 사항들은 대입전형 간소화 방안에 맞춰 시행된다. 즉, 수시 모집은 학생부교과·학생부종합·논술·실기(특기) 전형으로, 정시 모집은 수능·실기(특기) 전형으로 시행된다. 그리고 대학들은 이들 전형 유형을 중심으로 수시 모집에서 4가지, 정시 모집에서 2가지 등 모두 6가지 이내의 전형 방식으로 신입생을 선발하게 된다.

전체적인 내용 중심으로 2017학년도 대입전형과 차이가 있는 부분을 꼽으라면, 정시 모집의 선발 비율이 줄어든 만큼 수시 모집의 선발 비율이 늘어났다는 점이다. 즉, 2016학년도에 69.9%이었던 수시 모집 선발 비율이 73.7%로 늘어남에 따라 10명 중 7명을 수시 모집에서 선발하게 된다.

한편, 논술고사와 문제풀이식 적성고사, 구술형 면접을 지양하도록 한 점 등은 2017학년도 대입전형과 동일하다. 하지만 적성고사와 논술고사 시행학교가 2017학년도보다 증가했다.

다음은 한국대학교육협의회가 발표한 「2017학년도 대입전형 시행계획」의 주요 사항과 특징들을 정리한 내용이다.

첫째, 수시 모집은 학생부와 논술 위주로, 정시 모집은 수능시험 위주로 선발한다.

대입전형 간소화 방안에 따라 2018학년도 대입전형 역시 수시 모집은 학생부교과·학생부종합·논술·실기(특기) 전형으로 선발하고, 정시 모집은 수능·실기(특기) 전형으로 선발한다. 이는 학생 선발 전형 요소를 중심으로 전형 유형을 분류한 것으로, 실제 대학의 신입생 선발에서 일반 전형과 특별 전형 등으로 표기하기도 한다.

전형 유형별로는 학생부교과전형으로 141,426명을 선발하고, 학생부종합전형으로 83,666명, 논술 전형으로 13,120명, 실기(특기) 전형으로 29,800명, 수능 전형으로 80,311명 등을 선발한다.

[2017·2018학년도 전형 유형별 모집 인원]

구분	전형유형	2018학년도		2017학년도		증감 비율 (2018~2017년)
수시	학생부(교과)	140,935명(54.3%)	40.0%	141,292명(56.8%)	39.7%	0.30%
	학생부(종합)	83,231명(32.0%)	23.6%	72,101명(29.0%)	20.3%	3.30%
	논술 위주	13,120명(5.1%)	3.7%	14,861명(6.0%)	4.2%	−0.50%
	실기 위주	18,466명(7.1%)	5.3%	17,942명(7.2%)	5.0%	0.30%
	기타	3,921명(1.5%)	1.1%	2,473명(1.0%)	0.7%	0.40%
	소계	259,673명(100.0%)	73.7%	248,669명(100.0%)	69.9%	3.80%
정시	수능 위주	80,311명(86.7%)	22.8%	93,643명(87.5%)	26.3%	−3.50%
	실기 위주	11,334명(12.2%)	3.2%	12,280명(11.5%)	3.5%	−0.30%
	학생부(교과)	491명(0.5%)	0.1%	437명(0.4%)	0.1%	0.00%
	학생부(종합)	435명(0.5%)	0.1%	671명(0.6%)	0.2%	−0.10%
	기타	81명(0.1%)	0.0%	45명(0.0%)	0.0%	0.0%
	소계	92,652명(100.0%)	26.3%	107,076명(100.0%)	30.1%	−3.80%
	합계	352,325명	100.0%	355,745명	100.0%	0.00%

자료참조 : 2018학년도 대학입학 전형 계획 주요사항

둘째, 수시 모집 선발 인원이 2017학년도 대비 3.8%포인트 증가했다.

2017학년도 대입전형에서 전체 모집 정원(355,745명)의 69.9%인 248,669 명을 선발했던 수시 모집 인원이 2018학년도엔 259,673명으로 전체 모집 정원(352,325명)의 73.7%로 늘어난다. 즉, 10명 중 7명 이상을 수시 모집 으로 선발하는 셈이 된다. 이로 인해 정시 모집의 선발 비율은 2017학년 도에 30.1%(107,076명)이었던 것이 26.3%(92,652명)로 줄어들게 되었다.

2018학년도 대입전형에서 수시 모집의 선발 비율이 증가한 것에는 여 러 이유가 있지만, 정시 모집보다 수시 모집에서 좀 더 다양한 우수 학생 을 선발할 수 있다는 대학의 판단과 수시 모집에 충원으로 합격하더라도 정시 모집에 지원할 수 없다는 점 등이 수시 모집의 선발 비중을 높이는 데 적지 않은 영향을 준 것으로 분석된다.

[2016~2018학년도 모집 시기별 모집 인원]

구 분	수시 모집		정시 모집		계(명)
	모집 인원(명)	비율(%)	모집 인원(명)	비율(%)	
2018학년도	259,673명	73.7%	92,652명	26.3%	352,325명
2017학년도	248,669명	69.9%	107,076명	30.1%	355,745명
2016학년도	243,748명	66.7%	121,561명	33.3%	365,309명

자료참조 : 2018학년도 대학입학 전형 계획 주요사항

셋째, 학생부 위주 전형의 선발 비중이 3.6%포인트 증가했다.

학생부 위주 전형의 선발 비율이 2016학년도에 57.4%(209,658명)이던 것이 2017학년도에는 60.3%(214,501명)로 2.9%포인트 증가했고, 2018학년도에는 63.9%(225,092명)로 3.6%포인트 증가한다.

모집 시기별로는 수시 모집의 경우 2016학년도에 56.9%(207,812명)이던 것이 2017학년도에는 60.0%(213,393명)로 3.1%포인트 증가했고, 2018학년도에는 63.6%(224,166명)로 3.6%포인트 증가한다. 이에 비해 정시 모집은 2016학년도에 0.5%(1,846명)이던 것이 2017학년도에는 0.3%(1,108명)로 0.2%포인트 감소, 2018학년도에는 0.2%포인트로 감소한다.

이를 전형 유형별로 살펴보면, 학생부교과전형의 경우 2016학년도에 38.5%(140,615명)이던 것이 2017학년도에는 39.8%(141,729명)로 1.3%포인트 증가, 2018학년도에는 40.1%(141,426명)로 0.3%포인트 증가하고, 학생부종합전형의 경우도 2016학년도에 18.9%(69,043명)이던 것이 2017학년도에는 20.5%(72,772명)로 1.6%포인트 증가했고, 2018학년도에는 23.7%(83,666명)로 3.2%포인트 증가한다.

[2016~2018학년도 학생부 위주 전형 모집 인원]

구분	전형유형	2018학년도	2017학년도	2016학년도
수시	학생부(교과)	140,935명(40.0%)	141,292명(39.7%)	140,181명(38.4%)
	학생부(종합)	83,231명(23.6%)	72,101명(20.3%)	67,631명(18.5%)
정시	학생부(교과)	491명(0.1%)	437명(0.1%)	434명(0.1%)
	학생부(종합)	435명(0.1%)	671명(0.2%)	1,412명(0.4%)
합계		225,092명(63.9%)	214,501명(60.3%)	209,658명(57.4%)

자료참조 : 2018학년도 대학입학 전형 계획 주요사항

넷째, 논술고사 실시 전형의 모집 인원이 13,120명으로 줄어들었다.

2016학년도에 연세대·고려대·한양대 등 30개 대학이 15,349명을 선발하는 데 활용되던 논술고사가 2017학년도에는 30개 대학이 14,861명을 선발하는 데 활용되었고, 2018학년도에는 31개 대학이 13,120명을 선발하는 데 활용된다. 즉, 덕성여대와 한국산업기술대가 2018학년도부터 논술고사를 실시하고 고려대가 논술고사를 폐지해 논술고사 실시 대학 수는 1개 증가했으나, 전체 모집 인원은 2017학년도에 비해 1,741명 줄어든 것이다.

모집 시기로는 31개 대학 모두 수시 모집에서만 논술고사를 실시한다.

2018학년도 논술고사 반영 비율은 새롭게 논술고사를 실시하는 덕성여대가 100%로 가장 높고, 연세대(서울)가 87.1%, 경북대가 80%, 경희대·이화여대·한국외대 등 11개 대학이 70%이고, 나머지 대학들은 모두 60%를 반영한다.

이 중 서울시립대는 1단계에서 논술고사로 모집 정원의 4배수를 선발한 후 2단계에서 논술고사 60% + 학생부 40%로 선발하는 단계별 전형을 실시한다. 나머지 대학들은 모두 일괄합산 전형으로 논술고사와 학생부로 선발한다.

[2016~2018학년도 논술고사 실시 대학 수 및 모집 인원]

구분	2018학년도		2017학년도		2016학년도	
	대학 수	모집 인원	대학 수	모집 인원	대학 수	모집 인원
수시	31개교	13,120명	30개교	14,861명	30개교	15,349명
정시	0개교	0명	0개교	0명	0개교	0명
합계	31개교	13,120명	30개교	14,861명	30개교	15,349명

자료참조 : 2018학년도 대학입학 전형 계획 주요사항

다섯째, 고른 기회 전형으로 선발하는 모집 인원은 전년 대비 1,223명 증가했다.

2016학년도에 전체 모집 정원의 10.8%(39,316명)를 모집하던 것이 2017학년도에는 전체 모집 정원의 11.0%(39,083명)를, 2018학년도에는 전체 모집 정원의 11.4%(40,306명)를 모집한다. 이는 2017학년도에 비해 1,223명이 늘어난 수치이다.

[2016~2018학년도 고른 기회 전형 모집 인원]

구분	2018학년도	2017학년도	2016학년도
정원 내	16,500명(4.6%)	15,005명(4.2%)	14,803명(4.1%)
정원 외	23,806명(6.8%)	24,078명(6.8%)	24,513명(6.7%)
합계	40,306명(11.4%)	39,083명(11.0%)	39,316명(10.8%)

자료참조 : 2018학년도 대학입학 전형 계획 주요사항

여섯째, 지역 인재 특별 전형 모집 인원이 늘어났다.

2016학년도에 79개 대학에서 9,980명을 모집하던 것이 2017학년도에

는 81개 대학에서 10,120명을 모집하는 것으로 2개 대학 140명이 늘어
났고, 2018학년도에는 81개 대학에서 10,931명을 모집하는 것으로, 대학
수는 동일하지만 학생 수는 811명이 늘어난 것이 된다.

[2016~2018학년도 지역 인재 특별 전형 모집 인원]

구 분	대학수	모집 인원	총 모집 인원 대비 비율(%)
2018학년도	81개교	10,931명	3.1%
2017학년도	81개교	10,120명	2.8%
2016학년도	79개교	9,980명	2.7%

자료참조 : 2018학년도 대학입학 전형 계획 주요사항

　일곱째, 정시 모집 분할 모집 대학은 소폭 감소했다.
　2017학년도부터 대입전형부터 입학 정원이 200명 이상인 모집 단위들
은 정시 모집에서 분할 모집을 할 수 없게 되었다. 2016학년도에 141개
대학에서 실시하던 분할 모집이 2017학년도에는 140개 대학에서 실시하
는 것으로 나타났고, 2018학년도에는 135개 대학에서 실시하는 것으로
나타나 5개 대학이 감소했다.

　2018학년도 정시 모집 분할 대학 현황은 '가·나'군 분할이 부산대·성
균관대·한양대 등 39개 대학이고, '가·다'군 분할이 가톨릭대·인천대·
한성대 등 27개 대학, '나·다'군 분할이 강남대·성공회대·제주대 등 26
개 대학, '가·나·다'군 분할이 국민대·단국대·인하대 등 43개 대학으로
'가·나·다'군 분할 모집 대학이 가장 많다.

[2016~2018학년도 정시 모집 대학 현황]

구분	가	나	다	가/나	가/다	나/다	가/나/다
2018학년도	22개교	25개교	21개교	39개교	27개교	26개교	43개교
2017학년도	21개교	27개교	18개교	43개교	24개교	27개교	46개교
2016학년도	24개교	22개교	20개교	40개교	23개교	27개교	51개교

[단, 동일 모집 단위 분할 모집은 2017학년도부터 금지]
자료참조 : 2018학년도 대학입학 전형 계획 주요사항

여덟째, 2018학년도 수능에서 영어 영역 절대평가로 평가방식이 전환된다.

2017학년도까지의 수능시험은 전 영역이 상대평가로 시행되었지만, 2018학년도부터는 영어 영역이 절대평가로 바뀌면서 동일한 시험 내에서 평가의 잣대가 2가지가 되고, 1~9등급까지 등급으로만 학생들에게 제공된다.

수시 모집에서 113개, 정시 모집에서 39개교가 수능 최저학력기준으로 활용하며 정시 모집에서 188개교가 비율 반영 방식, 12개교가 가점 부여 방식, 7개교가 감점 부여 방식으로 반영한다. 따라서 대학별 다양한 반영 방법에 따른 이점을 파악하여 지원 대학의 기준을 충족하고 영어 영역의 학습량을 유지하는 것이 중요하다.

[2018학년도 영어 영역 반영방법]

모집시기	반영방법	대학 수
수시	최저학력기준	113개교
정시		39개교
정시	비율 반영	188개교
	가점 부여	12개교
	감점 부여	7개교

[단, 같은 대학 내 모집 단위별 반영방법이 중복 산정]
자료참조 : 2018학년도 대학입학 전형 계획 주요사항

2018학년도 서울 지역 중·상위권 대학에서 가장 많은 인원을 선발하는 전형은 '학생부종합전형'으로, 2017학년도에 비해 모집 인원도 늘어났다. 학생부종합전형은 교과 성적과 비교과 활동이 우수한 학생들에게 유리한 전형으로, 우수한 교과 성적뿐만 아니라 다양한 비교과 활동, 창의적 체험활동(자율활동, 봉사활동, 동아리 활동, 진로활동), 독서활동, 수상경력, 세부능력 및 특기사항 등을 중심으로 학업역량, 전공 적합성, 발전가능성, 인성 등의 평가요소를 정성적, 종합적으로 평가하여 선발하게 된다.

서울 지역 대부분의 주요 대학은 단계별 전형을 통해 학생을 선발한다. 즉, 1단계에서는 학생부와 자기소개서 등 서류를 통해 일정 배수의 인원을 선발하고 2단계에서는 면접고사를 통해 서류 확인 및 전공소양, 인성 등을 평가하여 선발한다. 대입전형 간소화에 따라 서울대를 제외하고는 교과 중심의 문제풀이식 구술면접은 실시하지 않는다. 출제 의도, 기출문제 등에 관한 자료는 각 대학 홈페이지에 탑재된 선행학습 영향평가 보고서를 참조하면 도움이 될 수 있다.

　학생부종합전형으로 선발하는 대부분의 대학은 수능 최저학력기준을 적용하지 않고 기존에 적용했더라도 지금은 폐지하는 추세이다. 그러나 서울 지역 상위권 대학들의 학생부종합전형에서는 상황이 다르다. 서울대 지역균형선발, 연세대 활동우수형, 고려대 일반 전형과 고교추천 Ⅰ·Ⅱ, 서강대 학생부종합(일반형), 이화여대 미래인재전형 등은 수능 최저학력기준을 적용하여 무늬만 학생부종합전형이라는 비난을 받기도 한다.

　따라서 학생부종합전형으로 지원하려면, 교과 성적과 함께 비교과 영역의 관리도 중요하지만, 지원하고 싶은 대학의 전형이 수능 최저학력기준을 적용하는지 그리고 자신의 수능 성적이 그 수준을 통과할 수 있는지를 구체적으로 냉정하게 따져보아야 한다.

[학생부종합전형에 집중할 수험생은?]

– 특기활동, 창의적 체험활동(자율활동/동아리 활동/봉사활동/진로활동), 독서활동

등 비교과 활동에서 본인의 흥미와 관심, 진로에 대한 목표를 보여줄 수 있는 학생

- 내신 성적 중 전체 성적은 조금 부족하더라도 진로 및 지원 학과(전공)와 관련된 과목의 성적이 우수하고, 전문교과 이수나 비교과 활동을 꾸준히 수행한 학생

- 기회균등 전형, 농어촌전형, 사회배려자 등 고른 기회 전형의 지원 자격을 충족하고 있는 학생

[학생부종합전형 지원 시 고려사항]

- 나는 학교생활기록부 관리를 잘하고 있는가

- 학교생활기록부에 기재된 탐구 및 비교과 활동이 우수한가

- 지원 학과(전공)와 관련된 과목의 성적이 우수한가

- 지원 대학의 인재상에 적합한가

- 내신 성적이 상대적으로 학습역량과 성실성 판단에 긍정적인가, 부정적인가

그럼 여기에서는 서울 지역 주요 대학 학생부종합전형으로 선발하는 주요 전형의 전형 방법이 어떤지 2018학년도 대학입학 전형 계획 기준으로 알아보자.

1. 서울대 / 연세대 / 고려대

서울대는 수시 모집에서 모든 학생을 학생부종합전형으로 선발한다.

'지역균형선발전형'은 각 고등학교에서 추천받아 지원할 수 있는 2명의 학생에 대해 서류평가와 면접결과를 종합적으로 고려하여 선발한다. 그리고 '일반 전형'은 단계별 전형을 실시하며 1단계에서는 서류평가 100%로 2배수를 선발하고, 2단계에서 1단계 성적 50%와 면접구술고사(사범대학 교직 적성·인성평가 포함) 50%를 반영해 최종 합격자를 선발한다.

이들 전형에 합격하려면, 뛰어난 내신 성적과 자신의 잠재력을 잘 보여줄 수 있는 자기소개서가 중요하다. 그리고 '일반 전형'에서는 면접구술고사에서 모집 단위 관련 전공적성 및 학업능력을 평가하는 교과 면접이 실시되기 때문에 이에 대한 대비가 무엇보다도 중요하다.

수능 최저학력기준은 '지역균형선발전형'에서만 적용하며, 국어, 수학, 영어, 탐구 중 최소 3개 영역이 2등급 이내가 되어야 한다는 것을 잊지 말아야 한다.

연세대는 2018학년도 입시에 다소 변화가 있다. '학생부교과전형'을 폐지하고 '학생부종합(면접형)전형'을 신설하고, '학교활동우수자전형'은 '학생부종합(활동우수형)전형'으로 명칭을 바꾸고, 모집 인원도 확대한다.

'학생부종합(활동우수형)전형'은 단계별 전형으로 1단계에서는 서류평가 100%로 일정 배수의 면접 대상자를 선발하고, 2단계에서는 서류평가 70%와 면접 30%를 반영하여 선발한다. '학생부종합(면접형)전형'도 단계별 전형으로, 1단계에서는 학생부교과 50%와 학생부 비교과 50%로 모집 인원의 3배수의 면접 대상자를 선발하고, 2단계에서는 서류평가 40%와 면접 60%를 반영하여 선발한다.

'학생부종합(면접형)전형'은 기존의 '학생부교과전형'을 폐지하고 신설한 전형으로 1단계에서 교과 성적은 Z 점수(원점수, 평균, 표준편차를 활용한 계산식["(원점수−평균)/표준편차"]으로 구해진 점수) 50%와 등급 점수 50%로 반영하며, 비교과 영역은 교과 영역을 제외한 나머지 부분을 인성, 발전 가능성 등으로 평가하기 때문에 '학생부종합(활동우수형)전형'보다 우수한 교과 성적이 강조될 것으로 보인다.

서류평가는 학생부, 자기소개서, 추천서를 종합평가하는 데 비교과 영역이 우수하더라도 교과 성적이 일정 수준에 이르지 못할 때 1단계 전형에서 탈락할 수 있어 우수한 내신 성적이 필수적으로 요구된다.

수능 최저학력기준은 '학생부종합(활동우수형)전형'에서 적용하며, 인문계는 국어, 수학(가/나), 탐구 1, 탐구 2 중 2개 합 4등급 이내, 영어 2등급 이내, 한국사 3등급 이내, 자연계(의예·치의예 제외)는 국어, 수학(가), 과탐 1, 과탐 2 중 2개 합 5등급 이내, 영어 2등급 이내, 한국사 4등급 이내, 의예·치의예는 국어, 수학(가), 과탐 1, 과탐 2 중 3개 이상 1등급, 영어 2등급 이내, 한국사 4등급 이내가 되어야 한다.

고려대는 2018학년도 입시부터 '논술 전형'을 폐지하고 학생부종합전형을 대폭 확대하여 선발한다. 기존 '융합형 인재전형'이 탈바꿈한 '일반

전형'과 '학교장추천전형'이 모습을 바꾼 '고교추천 Ⅱ전형'을 통해 학생부 종합전형의 비중을 2017학년도보다 2배 이상 확대한다.

신설된 '일반 전형'은 1단계에서 서류 100%로 모집 인원의 5배수의 면접 대상자 선발하고 2단계에서는 1단계 성적 70%와 면접 30%로 최종 선발한다.

'고교추천 Ⅱ전형'은 단계별 전형으로 1단계에서 서류 100%로 모집 인원의 5배수의 면접 대상자 선발하고 2단계에서는 1단계 성적 50%와 면접 50%로 최종 선발한다. 다만, '일반 전형'과 '고교추천 Ⅱ전형' 간에는 복수지원을 할 수 없어 1개 전형을 선택하여 지원해야 한다.

수능 최저학력기준은 '일반 전형'과 '고교추천 Ⅱ전형' 모두 적용한다. '일반 전형'의 경우 인문계는 국어, 수학(가/나), 영어, 탐구 4개 합 6등급 이내, 한국사 3등급 이내, 자연계(의과대학 제외)는 국어, 수학(가), 영어, 과탐 4개 합 7등급 이내, 한국사 4등급 이내, 의과대학은 국어, 수학(가), 영어, 과탐 4개 합 5등급 이내, 한국사 4등급 이내가 되어야 하고, '고교추천Ⅱ전형'의 경우 인문계는 국어, 수학(가/나), 영어, 탐구 4개 합 5등급 이내, 한국사 3등급 이내, 자연계(의과대학 제외)는 국어, 수학(가), 영어, 과탐 4개 합 6등급 이내, 한국사 4등급 이내, 의과대학은 국어, 수학(가), 영어, 과탐 4개 합 5등급 이내, 한국사 4등급 이내가 되어야 한다.

[전형 방법]

대학명	전형명	모집 인원	전형방법	수능 최저
서울대	지역균형선발	757	서류 + 면접 종합평가	○
서울대	일반 전형	1,739	1단계(2배수): 서류 100% 2단계: 1단계 50% + 면접구술50% (사범대: 1단계 50% + 면접구술 30% + 교직 적성 인성20%)	×
연세대 (서울)	학생부종합(활동우수형)	474	1단계(일정배수): 서류 100% 2단계: 1단계 70% + 면접 30%	○
연세대 (서울)	학생부종합(면접형)	260	1단계(3배수): 학생부교과 50% + 비교과 50% 2단계: 서류(학생부/자소서/추천서) 40% + 면접 60%	×
고려대 (서울)	일반 전형	1,207	1단계(5배수): 서류 100% 2단계: 1단계 70% + 면접 30%	○
고려대 (서울)	고교추천Ⅱ	1,100	1단계(5배수): 서류 100% 2단계: 1단계 50% + 면접 50%	○

자료출처 : 서울대/연세대(서울)/고려대 발표 2018학년도 대학입학 전형 계획 참조

2. 서강대 / 성균관대 / 한양대 / 이화여대

서강대에서 학생부종합전형으로 모집하는 전형방법에 대한 변화는 크게 없지만, 모집 인원이 2017학년도보다 증가했다. 서강대의 학생부종합전형은 '학생부종합(자기주도형)전형'과 '학생부종합(일반형)전형'에서 다른 대학들과 다르게 단계별 전형을 실시하지 않고 면접고사 없이 서류 100%로 선발한다.

'학생부종합(자기주도형)전형'에서 서류평가는 학생부, 자기소개서, 추천서, 활동보충자료를 종합적으로 정성평가하는데, 학교생활보충자료는 최대 3가지 내용까지 가능하며, 원서접수 사이트에서 정해진 양식에 입력해야 한다.

'학생부종합(일반형)전형'은 학교활동보충자료는 활용하지 않고 학생부, 자기소개서, 추천서만을 종합적으로 정성평가한다. 따라서 서강대에 지원하고자 하는 학생들은 면접에서 자신의 특징과 잠재력을 어필할 수 없으니 자기소개서나 활동보충자료 등 제출 서류를 보다 더 꼼꼼히 준비해야 한다.

수능 최저학력기준은 '학생부종합(일반형)전형'에서 적용하며, 인문, 자연계열 구분 없이 국어, 수학(가/나), 영어, 탐구 중 3개 각 2등급 이내, 한국사 4등급 이내로 비교적 높은 최저학력기준을 적용한다. 따라서 자신의 수능 성적 수준이 수능 최저학력기준을 맞출 수 있다면 '학생부종합(자기주도형)전형'보다는 '학생부종합(일반형)전형'에 지원하는 것이 보다 합격확률을 높일 수 있는 지원 전략이다.

성균관대는 계열 및 광역 모집 단위로 선발하는 '성균인재전형'과 학과 모집 단위로 선발하는 '글로벌인재전형'에서 학생부종합전형으로 선발한다. '성균인재전형'은 서류 100%로 학생들을 선발하고, '글로벌인재전형'은 대부분의 모집 단위는 서류 100%로 선발하고 의예과, 사범대학, 영상학, 스포츠과학은 단계별 전형으로 1단계에서 서류 100%로 3~5배수의 면접 대상자를 선발, 2단계에서 1단계 성적 80%와 면접 20%로 최종 선발한다.

서류평가는 학생부, 자기소개서, 추천서 외에 추가 증빙자료를 제출하지는 않는다. 성균관대의 학생부종합전형은 학생부교과 성적 평가와 비교과 영역 등 서류평가로 선발하는 만큼 자신의 리더십을 드러낼 수 있는 내용을 자기소개서나 추천서에 적절히 녹여내는 것이 중요하다.

수능 최저학력기준은 '글로벌인재전형'의 의예과에서만 적용했지만, 2018학년도부터는 의예과까지도 수능 최저학력기준을 적용하지 않는다.

한양대는 2017학년도와 동일하게 2018학년도에도 '학생부종합(일반)전형'에서 학생부종합평가 100%로 학생들을 선발한다.

한양대는 학생부종합전형에서 자기소개서나 추천서 등 학생부 이외에 제출 서류가 없어 학생부에 자신의 특징과 소질, 전공 적합성, 발전 가능성 등이 보다 잘 나타날 수 있도록 꼼꼼히 관리하고, 교과 성적도 우수해야 한다.

수능 최저학력기준도 적용하지 않기 때문에 수능 성적은 다소 부족하지만 일관되게 하나의 관심 분야를 꾸준히 준비해 온 학생이라면 적극적으로 지원해 보는 것도 좋은 지원전략이다.

이화여대는 학생부종합전형으로 '미래인재전형'에서 단계별 전형으로 1단계에서 서류 100%로 4배수의 면접 대상자를 선발하고 2단계에서 1단계 성적 80%와 면접 20%로 최종 선발한다. '미래인재전형'에서는 교과 영역 및 학교 활동영역에서 자신의 역량을 적극적으로 계발하는 학생이라면 이 전형에 지원할 수 있다.

서류평가는 학생부, 자기소개서, 추천서 등을 토대로 지원자의 고등학교 재학 기간 동안 학업역량 및 학교 활동의 우수성, 발전 가능성 등을 종합적으로 평가하고, 면접고사에서는 제출 서류를 기본으로, 인성, 자기주도성, 전공 잠재력 및 발전 가능성 등을 종합적으로 평가하기 때문에 서류에 대한 철저한 준비와 서류와 연계하여 서류에 대한 확인 질문에 대한 대처를 잘해야 한다.

미래인재전형의 수능 최저학력기준은 인문계와 자연계가 국어, 수학(가/나), 영어, 탐구 중 2개 합 4등급 이내, 스크랜튼학부(인문)는 국어, 수학(가/나), 영어, 탐구 중 3개 합 4등급 이내, 스크랜튼학부(자연)·뇌인지과학은 국어, 수학(가), 영어, 과탐 중 2개 합 5등급 이내, 의학과는 국어, 수학(가), 영어, 과탐 중 3개 합 3등급 이내, 한국사는 필수로 응시해야 한다.

[전형방법]

대학명	전형명	모집 인원	전형방법	수능 최저
서강대	학생부종합 (자기주도형)	465	서류 100%	×
	학생부종합(일반형)	357	서류 100%	○
성균 관대	성균인재	874	서류 100%	×
	글로벌인재	633	[전 모집 단위(아래 제외)] 서류 100% [의예, 사범대학, 영상, 스포츠과학] 1단계(3~5배수): 서류 100% 2단계: 1단계 80% + 면접 20%	×
한양대 (서울)	학생부종합(일반)	983	학생부종합평가 100%	×
이화 여대	미래인재	832	1단계(4배수): 서류 100% 2단계: 1단계 80% + 면접 20%	○

자료출처 : 서강대/성균관대/한양대(서울)/이화여대 발표 2018학년도 대학입학 전형 계획 참조

3. 중앙대 / 경희대 / 한국외대 / 서울시립대

중앙대의 대표적인 학생부종합전형은 '학생부종합(다빈치형 인재)전형' 과 '학생부종합(탐구형 인재)전형'으로 2017학년도까지는 전형 방법을 달리하여 선발했지만, 2018학년도에는 같은 방법으로 선발한다. 즉, 서류평가 100%로 선발했던 '학생부종합(탐구형 인재)전형'이 '학생부종합(다빈치형 인재)전형'과 동일하게 단계별 전형으로 1단계에서 서류 100%로 3배수 내외(일부 모집 단위 제외)의 면접 대상자를 선발, 2단계에서 서류 70%와 면접 30%로 선발하게 된다. 하지만 '학생부종합(다빈치형 인재)전형'은 학교생활(교과·비교과)에서 학업(50%)과 교내 다양한 활동(50%)을 통하여 균형적으로 성장한 인재를 선발하는 반면, '학생부종합(탐구형 인재)전형' 은 고교 교육과정을 바탕으로 해당 전공분야에서 탐구능력을 보인 경험이 있으며 학교생활에 충실한 학생을 선발하고자 한다. 따라서 내신 성적이 우수하고 교과 활동도 다양하게 했다면 '학생부종합(다빈치형 인재)전형'이 유리하고, 내신 성적이 다소 불리하지만 교내 학업 관련 수상실적, 과제연구, 탐구활동, 독서활동 등 지적 탐구 활동에서 탁월한 능력을 보인 학생은 '학생부종합(탐구형 인재)전형'에 지원하는 것이 유리하다.

중앙대가 학생부종합전형을 통해 선발하고자 하는 학생은 어느 한쪽 분야에 치우치지 않은 균형 잡힌 인재로, 이런 인재를 선발하기 위해 '펜타곤 평가방식'을 개발하여 적용하고 있다.

'펜타곤 평가방식'이란 학업역량, 지적탐구역량, 성실성, 공동체 의식,

자기주도성 및 창의성 등 5개 분야를 균형 있게 반영하는 인재선발 방식을 의미한다.

경희대는 학생부종합전형으로 '네오르네상스전형'과 기존의 '학교생활충실자전형'과 '고교대학연계전형'을 통합하여 '학생부종합(고교연계)전형'을 통해 학생을 선발한다. '네오르네상스전형'의 평가방법은 단계별 전형으로 1단계에서 서류 100%로 3배수의 면접 대상자를 선발하고, 2단계에서 1단계 성적 70%와 면접 30%를 통해 최종 선발한다.

'학생부종합(고교연계)전형'은 단계별 전형을 실시하지 않고 학생부교과성적 50%와 서류 50%로 최종 선발한다. '학생부종합(고교연계)전형'은 모든 학생이 지원할 수 있는 것이 아니고 경희대 모집 단위 기준으로 고교별 인문계 2명, 자연계 3명, 예체능계 1명의 추천을 받은 학생이 지원할수 있다.

학업 능력과 함께 잠재력을 보여줄 수 있는 다양한 활동을 했다면 '네오르네상스전형'이 유리하고, 교과 성적이 활동내역보다 우수하다면 '학생부종합(고교연계)전형'에 지원하는 것이 유리하다.

한국외대는 학생부종합전형을 통해 글로벌하고 국제적인 감각을 갖춘 인재를 선발하고자 한다. '학생부종합전형'의 평가방법은 단계별 전형으로 1단계에서 서류 100%로 3배수의 면접 대상자를 선발하고 2단계에서 서류 70%와 면접 30%로 선발하게 된다.

서류평가는 학생부와 자기소개서를 종합적이고 정성적으로 평가하며,

면접고사는 인·적성 면접으로 전공 적합성, 논리적 사고력, 인성 등을 종합적으로 평가한다. 서류평가로 3배수를 선발하는 만큼 우수한 학업 능력과 함께 전공과 관련된 각종 활동과 스스로 노력해온 과정 및 결과를 잘 보여줄 수 있는 것이 중요하다.

서울시립대는 2017학년도보다 모집 인원이 증가한 501명을 '학생부종합전형'으로 선발한다. 평가방법은 단계별 전형으로 1단계에서 서류 100%로 2배수의 면접 대상자를 선발하고 2단계에서 면접 100%로 최종 선발한다. 서울시립대는 '학생부종합전형'을 통해 전공에 대한 잠재력이나 소질이 뛰어난 학생을 선발하는 것을 목적으로, 전공 적합성을 중요한 평가요소로 삼고 있다.

서류평가는 학생부, 자기소개서, 교사추천서를 통해 지원자의 학업역량, 잠재역량, 사회역량 등을 종합적으로 평가한다. 2단계에서 100%를 반영하는 면접고사는 모집 단위별 발표면접 및 확인면접으로 진행되며 면접위원 2~3인이 지원자 1인을 대상으로 지원자의 종합적 사고력, 문제해결능력, 의사소통능력, 공적 윤리의식, 제출 서류의 진실성 등을 약 15분간 평가한다. 면접실에 들어가기 전, 준비실에서 면접을 위하여 자기 생각을 정리할 수 있는 시간을 약 30분 정도 제공한다.

수능 최저학력기준은 중앙대·경희대·한국외대·서울시립대 모두 적용하지 않는다.

대학명	전형명	모집 인원	전형방법	수능 최저
중앙대	다빈치형 인재	617	1단계(3배수): 서류 100% 2단계: 1단계 70% + 면접 30%	×
	탐구형 인재	617	1단계(3배수): 서류 100% 2단계: 1단계 70% + 면접 30%	×
경희대	네오르네상스	1,040	1단계(3배수): 서류 100% 2단계: 1단계 70% + 면접 30%	×
	고교연계	800	학생부교과 50% + 서류 50%	×
한국 외대 (서울)	학생부종합	378	1단계(3배수): 서류 100% 2단계: 1단계 70% + 면접 30%	×
서울 시립대	학생부종합	501	1단계(2배수): 서류 100% 2단계: 면접 100%	×

자료출처 : 중앙대/경희대/한국외대(서울)/서울시립대 발표 2018학년도 대학입학 전형 계획 참조

4. 건국대 / 동국대 / 홍익대 / 숙명여대

건국대는 'KU 자기추천전형'과 'KU 학교추천전형'에서 학생부종합전형으로 학생들을 선발한다. 'KU 자기추천전형'은 교내활동에 자발적으로 참여하고 해당 전공에 관심과 소질이 있는 학생을 선발하고자 한다. 평가방법은 단계별 전형으로, 1단계에서 서류 100%로 3배수의 면접 대상자를 선발하고 2단계에서 1단계 성적 40%와 면접 60%로 선발한다.

'KU 학교추천전형'은 인성과 학업역량이 우수한 학생을 선발하는 데 목적을 두고, 학생부교과 40%와 서류 60%로 선발한다.

서류평가는 'KU 자기추천전형'의 경우 학생부와 자기소개서를 통해 학업역량, 전공 적합성, 인성, 발전 가능성을 정성평가하고, 'KU 학교추천전형'은 자기소개서를 제출하지 않고 학생부와 교사추천서를 통해 학업역량, 전공 적합성, 인성, 발전 가능성을 정성평가한다.

자기주도적으로 전공과 관련된 활동을 다양하게 하고 전공 관련 과목의 성적이 우수한 학생은 'KU 자기추천전형'을 지원하는 것이 유리하고, 학업성적이 우수하고 올바른 인성을 가지고 있는 학생임을 추천을 받을 수 있는 학생이라면 'KU 학교추천전형'에 지원하는 것이 유리하다. 그리고 수능 최저학력기준은 적용하지 않는다.

동국대는 2017학년도까지 시행했던 '학생부교과전형'을 폐지하고 'Do Dream전형'과 '학교장추천인재전형'의 모집 인원을 대폭 늘려 선발한다. 'Do Dream전형'은 단계별 전형으로, 1단계에서 서류 100%로 3배수의 면접 대상자를 선발하고 2단계에서 1단계 성적 70%와 면접 30%로 선발하고, '학교장추천인재전형'은 모집 단위 계열별 기준으로 학교의 추천을 받은 2명 이내의 학생들을 서류종합평가 100%로 선발한다.

서류평가는 학생부와 자기소개서를 통해 학교생활충실도를 바탕으로 한 학업역량, 전공 관심도 70%와 인성 30%의 비율로 종합평가한다.

'Do Dream전형'에서 실시하는 면접고사는 제출 서류를 바탕으로 2인의 입학사정관이 10분 내외의 개별면접을 실시하는데, 발전 가능성 30%, 전공 적합성 40%, 인성 30%의 반영비율로 선발한다. 수능 최저학력기준은 두 전형 모두 적용하지 않는다.

홍익대는 '학생부종합전형'으로 미술계열만 선발하던 것에서 2018학년도부터 인문계와 자연계까지 확대하여 선발한다. 인문계(예술학과 포함)와 자연계는 서류 100%로 선발하고, 미술계열(예술학과 제외)은 단계별 전형으로 1단계에서 학생부교과성적 100%로 6배수를 선발하고 2단계에서 서류 100%로 3배수를 선발한 다음, 3단계에서 서류 40%와 면접 60%로 최종 선발한다.

서류평가는 인문계(예술학과 포함)와 자연계의 경우 학생부, 자기소개서, 추천서를 통해 지원자의 인성, 열정, 학업성취도, 성장잠재력 및 발전 가능성 등을 종합적으로 고려하여 평가하고, 미술계열(예술학과 제외)은 자기소개서 없이 학생부와 미술활동보고서를 통해 지원자의 소양, 예술적 감수성과 열정, 잠재력 및 발전 가능성, 교육환경, 서류의 진실성 및 객관성 등을 종합적으로 평가한다.

그리고 수능 최저학력기준은 인문계와 예술학과의 경우 국어, 수학(가/나), 영어, 탐구 중 3개 합 6등급 이내, 한국사 4등급 이내, 자연계의 경우 국어, 수학(가), 영어, 과탐 중 3개 합 7등급 이내, 한국사 4등급 이내, 미술계열의 경우 국어, 수학(가/나), 영어, 탐구 중 3개 합 8등급 이내, 한국사 4등급 이내로 비교적 높은 수능 최저학력기준을 적용하고 있어 '학생부종합전형'에 지원하고자 하는 학생은 수능시험 대비에도 소홀함이 없어야 한다.

숙명여대는 '숙명미래리더전형'과 '숙명과학리더전형'을 통합하여 '숙명인재전형'이라는 학생부종합전형으로 2017학년도보다 모집 인원도 늘려서 학생들을 선발한다. '숙명인재전형'은 학교 교육과정을 능동적으로 수행하고 자신의 미래와 공동체의 비전을 함께 개척하여 미래를 선도할 수 있는 리더십을 갖춘 창의적 인재를 선발하고자 한다. 평가방법은 1단계에서 서류심사 100%로 모집 인원의 3배수(법/경영: 2배수)의 면접 대상자를 선발하고 2단계에서 1단계 성적 40%와 면접 60%로 최종 선발한다.

서류평가는 학생부와 자기소개서를 통해 학업수행능력, 전공 적합성, 인성에 대해 종합적으로 정성평가하고, 면접고사에서는 제출 서류 내용에 대해 확인하고 전공 적합성, 종합적 사고력, 의사소통능력 및 인성 등에 대해 종합적으로 평가할 수 있는 심층면접을 시행한다. 특히, 전공 적합성은 진로탐색 및 전공 선택 과정, 전공에 대한 관심과 열정, 발전 가능성 등에 대해 평가한다.

그리고 수능 최저학력기준은 적용하지 않는다.

[전형방법]

대학명	전형명	모집 인원	전형방법	수능 최저
건국대 (서울)	KU 자기추천	707	1단계(3배수): 서류 100% 2단계: 1단계 40% + 면접 60%	×
	KU 학교추천	412	학생부교과 40% + 서류 60%	×
동국대 (서울)	Do Dream	647	1단계(3배수): 서류 100% 2단계: 1단계 70% + 면접 30%	×
	학교장추천인재	437	서류 100%	×
홍익대 (서울)	학생부종합	492	[인문·자연, 예술학과] 학생부교과 40% + 서류 60% [미술계(예술학과 제외)] 1단계(6배수): 학생부 100% 2단계(3배수): 학생부 70% + 서류 30% 3단계: 학생부 40% + 서류 30% + 면접 30%	○
숙명 여대	숙명인재 (미래리더/과학리더)	455	1단계(2~3배수): 서류 100% 2단계: 1단계 40% + 면접 60%	×

자료출처 : 건국대(서울)/동국대(서울)/홍익대(서울)/숙명여대 발표 2018학년도 대학입학 전형 계획 참조

　학생부종합전형으로 의학 계열에 지원하고자 하는 학생은 학생부교과 성적이 1.5등급 안에 들어야 하고, 다양한 비교과 활동이 있는 경우 합격확률이 높다. 교과 성적이 반드시 뒷받침되어야 하며 모집 단위 관련 열정과 실적 및 다양한 활동을 갖추어야 한다. 대부분 단계별 전형을 실시하며 1단계 서류평가와 2단계 면접고사를 치르고 수능 최저학력기준까지 통과해야 한다.

　서류평가는 학생부교과, 비교과, 자기소개서, 추천서를 정성평가 한다. 학생부교과는 우수할수록 좋다. 특히, 특정 영역의 교과 성적이 우수하고 비교과 영역이 이를 뒷받침 해주어서 자신의 장점을 부각시킬 수 있는 스토리가 있으면 더욱 유리하다.

수학·과학 교과가 우수하고 교내 경시대회에 꾸준히 응시하여 좋은 결과를 얻고 생물이나 화학 관련 동아리 활동과 함께 탐구보고서 등 탐구활동까지 연계되어 학생부에 기재된다면 우수한 하나의 스토리가 만들어진다.

그리고 의학 계열은 생명을 다루는 일이기 때문에 인성 부분에 대한 평가도 아주 중요하게 판단한다. 1, 2학년 동안 꾸준히 봉사활동을 하던 곳이 있으면 3학년 1학기에도 시험 마지막 날까지 또는 방학 중 몇 번은 참여하는 것이 좋다.

자기소개서는 자신의 특징과 장점을 가장 잘 보여주는 확실한 무기이다. 자기소개서를 통해 의학 계열로의 진학을 정말 원했고, 그동안의 학교생활이 지원하는 대학의 인재상에 맞는지를 객관적으로 어필하는 것이 중요하다.

의학 계열의 학생선발은 일률적인 학업평가보다는 인·적성 면접을 통하여 의사의 자질인 소통능력, 공감능력, 판단력, 문제해결력 등을 성적보다 우선순위에 두는 것이 의학 계열 학생선발의 한 흐름이 되었다. 따라서 일반면접을 실시하던 대학들이 다중 미니면접이라는 형식으로 상황면접을 실시하고 제시문을 분석하여 발표하는 다각적인 형태로 발전하고 있다.

다중 미니면접은 몇 개의 방을 설치하여 다면적인 평가를 실시하는 방식으로, 인·적성 방, 제시문을 분석하고 발표하는 제시문 방, 주어진 상황에 대처하는 방법을 평가하는 상황면접 방 등이 있다.

상황면접 방은 지원자의 도덕적 판단력을 요구하는 상황을 자료나 질문으로 하고 학생들에게 답변을 하도록 하며, 모의 상황면접 방은 학생의 판단력과 가치 기준을 평가할 수 있는 상황을 꾸며 지원자들의 대처능력을 보는 것이다. 면접시간도 30분~1시간 이상 걸리는 심층·밀착형 면접이다.

수험생에게 평소 생활을 통한 올바른 가치관 형성이 필요하고 제시되는 상황이 극단적이므로 깊은 생각이 필요하다. 또, 윤리적인 기준에 맞게 답을 했더라도 여러 변수를 개입시켜 추가 질문을 하므로 경우의 수에 대하여 생각해야 한다.

의학 계열의 수능최저학력기준은 대체로 높은 편이다. 서울대학교 의예과 지역균형 전형의 3개 영역 2등급을 제외하고 최상위권 의과대학에서 중위권 의과대학까지 대부분 국어, 수학(가형), 영어, 과탐(2과목 평균) 4개 영역 중 3개 1등급을 요구한다. 3개 영역 1등급은 의대를 지원하려는 우수한 학생들에게도 쉽지 않다. 수학과 과탐에서 1등급이 나오는 경우라도 국어에서 1등급이 나오지 않는 경우가 종종 발생해 국어에서 1등급은 일반적으로 장담하기 어렵다. 국어영역은 1~3등급까지 기복이 심한 경우도 있고 시험의 난이도에 따라 등급이 갑자기 떨어지는 경우도 있다.

전국연합학력평가나 6월, 9월 대수능 모의평가에서 꾸준히 1등급이 나오던 과목도 실제 수능에서 1등급이 안 나오는 경우도 많고, 1등급을 확신할 수 없던 영역도 꾸준히 학습하면 1등급이 나오는 경우도 많아 마지막까지 꾸준히 학습하는 것이 중요하다.

1. 의예과

학생부종합전형으로 의예과에서 학생들을 선발하는 대학들은 대부분 단계별 전형을 실시하고 한양대·단국대(천안)·연세대(원주)·충북대(농어촌학생)는 일괄합산 전형을 실시한다. 단계별 전형을 실시하는 대학들은 대부분 1단계에서 서류 100%로 3~5배수의 면접 대상자를 선발한 후 2단계에서 1단계 성적과 면접고사를 통해 최종 선발한다. 일괄합산 전형으로 선발하는 대학 중 한양대는 학생부종합평가를, 단국대(천안)·연세대(원주)·충북대(농어촌학생)는 서류 100%로 선발한다.

의예과를 선발하는 대학들은 학생부종합전형에서도 수능 최저학력기준을 적용한다. 대부분 대학들은 국어·수학(가)형·영어·과탐 중 3개 영역 각 1등급 또는 3개 영역 합 4등급 이내 등을 수능 최저학력기준으로 적용하고 있다.

반면, 가톨릭대(가톨릭지도자추천)·경희대(네오르네상스)·서울대(일반 전형/기회균형선발 Ⅰ)·성균관대(글로벌 인재)·인하대(인하미래인재/농어촌학생)·중앙대(학생부종합(다빈치형))·한양대(학생부종합)·경상대(개척인재/기회균형/농어촌)·계명대(잠재능력우수자/지역인재/농어촌학생)·순천향대(일반학생(종합)/지역인재(종합)/(기초 차상위)/농어촌)·조선대(농어촌)·충북대(지역인재) 전형은 수능 최저학력기준을 적용하지 않는다.

이러한 수능 최저학력기준이 없는 의예과 모집은 학생부교과/비교과, 서류, 면접 등 다양한 전형 자료에서 우수한 학생임을 확인한다. 따라서 고1부터 학교생활을 중심으로 충실하게 준비해온 경우라야 합격의 가능성이 높다.

[2018학년도 의예과 학생부종합전형 선발 방법]

－ 서울/수도권

대학명	전형 유형	모집 인원	전형 방법	최저학력 기준
가천대	가천의예	15	1단계(4배수): 서류 100% 2단계: 1단계 50% + 면접 50%	국, 수(가), 영, 과(2) 중 3개 영역 각 1등급
가톨릭대	학교장추천	25	1단계(5배수 내외): 서류 100% 2단계: 1단계 70% + 면접 30%	국, 수(가), 영, 과(2) 중 3개 영역 각 1등급 및 한국사 4등급
	가톨릭지도자추천		1단계(3배수): 서류 100% 2단계: 1단계 70% + 면접30%	없음
경희대	네오르네상스	32	1단계(3배수): 서류 100% 2단계: 1단계 70% + 면접 30%	없음
고려대	일반 전형	35	1단계(5배수): 서류 100% 2단계: 1단계70% + 면접 30%	국, 수(가), 영, 과(2) 중 4개 합 5등급 이내 및 한국사 4등급 이내
	고교추천 I	16	1단계(3배수): 학생부교과 100% 2단계: 면접 100%	
	고교추천 II	32	1단계(5배수): 서류 100% 2단계: 1단계 50% + 면접 50%	
	농어촌학생	1		
서울대	지역균형선발	30	서류+면접 종합평가 100%	4개 영역 중 3개 영역 이상 2등급 이내
	일반 전형	75	1단계(2배수): 서류 100% 2단계: 1단계 50% + 면접 및 구술 50%	없음
	기회균형선발 I	3	1단계(3~5배수): 서류 100% 2단계: 1단계 80% + 면접 20%	
성균관대	글로벌 인재	15	1단계(3~5배수): 서류 100% 2단계: 1단계 80% + 면접 20%	없음

대학명	전형 유형	모집 인원	전형 방법	최저학력 기준
아주대	아주ACE	15	1단계(3배수): 서류 100% 2단계: 1단계 70% + 면접30%	국, 수(가), 영, 과(2) 4개 합 5등급 이내
연세대	면접형	10	1단계(3배수): 학생부교과 50% + 학생부 비교과 50% 2단계: 서류 40% + 면접 60%	국, 수(가), 과(1), 과(1) 4개 영역 중 3개 이상 1등급 영 2등급, 한국사 4등급 이내
	활동우수형	12	1단계(일정배수): 서류 100% 2단계: 1단계 70% + 면접 30%	국, 수(가), 과(1), 과(1) 4개 영역 중 3개 합 4등급 이내 영 2등급, 한국사 4등급 이내
	기회균형	1		
이화여대	미래인재	미정	1단계(4배수 내외): 서류 100% 2단계: 1단계 80% + 면접 20%	국, 수(가), 영, 과(2) 중 3개 합 3등급 이내
인하대	학생부종합 (인하미래인재)	10	1단계(3배수): 서류종합 100% 2단계: 1단계 70% + 면접 30%	없음
	농어촌학생	1	서류종합 100%	
중앙대	학생부종합 (다빈치형)	6	1단계(3배수): 서류 100% 2단계: 서류 70% + 면접 30%	없음
한양대	학생부종합(일반)	32	학생부종합 100%	없음
	학생부종합 (고른기회)	2		

자료출처 : 각 대학 발표 2018학년도 대학입학 전형 계획 참조

- 지방

대학명	전형 유형	모집 인원	전형 방법	최저학력 기준
가톨릭 관동대	CKU리더	9	1단계(3배수): 서류 100% 2단계: 서류 60% + 면접 40%	국, 수(가), 과(2) 중 2개 합 4 이내이며, 영 1등급
	강원인재	8		
건양대	농어촌학생 (정원 외)	2	1단계(3배수): 학생부교과 100% 2단계: 1단계 80% + 면접 20%	수(가), 영, 과(2) 3개 영역 합 5등급
경북대	학생부종합 (일반)	10	1단계(5배수): 서류 100% 2단계: 서류 70% + 면접 30%	국, 수(가), 영, 과(1) 4개 합 5등급이내 한국사 4등급 이내
	학생부종합 (지역인재)	17		
경상대	개척인재	2	1단계(3배수): 서류 100% 2단계: 1단계 50% + 면접 50%	없음

대학명	전형 유형	모집인원	전형 방법	최저학력 기준
경상대	기회균형	1	1단계(5배수): 서류 100% 2단계: 1단계 50% + 면접 50%	없음
	농어촌(정원 외)	2		
계명대	잠재능력우수자	3	1단계(4배수): 서류 100% 2단계: 1단계 80% + 면접 20%	없음
	지역인재	4		
	농어촌학생 (정원 외)	3	1단계(4배수): 서류 100% 2단계: 1단계 80% + 면접 20%	
단국대 (천안)	DKU인재	10	서류 100%	국, 수(가), 영, 과(1) 영역 합 5등급 이내 및 한국사 응시자
부산대	일반학생	미정	1단계(3배수): 서류 100% 2단계: 1단계 80% + 면접 20%	국, 수(가), 과(2) 3개 합 4등급 이내, 영 2등급 이내, 한국사 4등급 이내
	지역학생		1단계(2~3배수): 서류 100% 2단계: 1단계 80% + 면접 20%	
순천향대	일반학생(종합)	5	1단계(3배수): 서류 100% 2단계: 면접 100%	없음
	지역인재(종합)	5		
	기초차상위 (정원 외)	2		
	농어촌(정원 외)	2		
연세대 (원주)	학교생활우수자	17	서류 100%	국, 수(가), 과(1), 과(1) 중 3개 합 4등급 이내 영 2등급 이내, 한국사 4등급 이내
	강원인재	17		
	사회공헌배려자	14		
전남대 (광주)	창의인재	38	1단계(5배수): 학생부 40% + 서류60% 2단계: 1단계 80% + 면접 20%	국, 수(가), 영, 과(1) 합 6등급 이내
전북대	큰사람	3	1단계(배수): 서류 100% 2단계: 1단계 80% + 면접 20%	국, 수(가), 영, 과(2) 중 수 포함 3개 합 6등급 이내
조선대	농어촌	2	1단계: 학생부종합평가 100% 2단계: 면접 100%	없음
충남대	PRISM인재	19	1단계(2배수): 서류평가 100% 2단계: 서류 60% + 면접 40%	국, 영, 과 중 2개 + 수(가) 합 5등급 이내
충북대	지역인재	16	1단계(3배수): 서류 100% 2단계: 서류 80% + 면접 20%	없음
	농어촌학생	1	서류 100%	국, 수(가), 영, 과(2) 중 2개 합 3등급 이내 한국사 필수 응시
한림대	학교생활우수자	15	1단계(3배수): 서류 100% 2단계: 1단계 70% + 면접 30%	국, 수(가), 영, 과(2) 중 3개 합 4등급 이내 영 포함시 영 1등급, 한국사 3등급 이내
	지역인재	12		
	농어촌	2		없음

자료출처 : 각 대학 발표 2018학년도 대학입학 전형 계획 참조

2. 치의예과

2018학년도 수시 모집의 치의예과에서 학생부종합전형으로 선발하는 대학은 강릉원주대·경희대·단국대(천안)·부산대·서울대·연세대·전남대(광주)·전북대·조선대 등 9개 대학이다. 단국대(천안) DKU인재전형만이 단계별 전형으로 모집하지 않고 서류 100%로 선발하고 나머지 대학들은 1단계에서 학생부 또는 서류로 선발하고 2단계에서는 1단계 성적과 면접을 통해 최종 선발한다.

의예과와 마찬가지로 학생부종합전형으로 치의예과를 선발하는 대부분 대학들이 수능 최저학력기준을 적용한다. 다만, 경희대(네오르네상스)·서울대(일반 전형)·조선대(농어촌)전형에서는 수능 최저학력기준을 적용하지 않는다. 수능 최저학력기준은 대부분 국어·수학(가)형·영어·과탐 중 3개 영역 등급합계가 4~5등급 이내로 의예과보다는 다소 낮지만, 일반 학과보다 아주 높은 수준이다. 따라서 치의예과를 지원하고자 하는 수험생들은 내신 성적과 비교과 활동을 꼼꼼히 관리하는 것도 중요하고 수능 최저학력기준에도 대비하여 수능 준비도 소홀히 하면 안 된다.

[2018학년도 치의예과 학생부종합전형 선발 방법]

대학명	전형 유형	모집 인원	전형 방법	최저학력 기준
강릉 원주대	GWNU꿈	6	1단계(5배수): 학생부 100% 2단계: 면접 100%	국, 수(가), 과1, 과1 4개 합 8 등급 이내
	지역인재	6		
	농어촌(정원외)	2		

대학명	전형 유형	모집 인원	전형 방법	최저학력 기준
경희대	네오르네상스	23	1단계(3배수): 서류종합 100% 2단계: 1단계 70% + 면접 30%	없음
단국대 (천안)	DKU인재	14	서류 100%	국, 수(가), 영, 과(1) 영역 합 5등급 이내 및 한국사 필수 응시
부산대	지역인재	미정	1단계(3배수): 서류 100% 2단계: 1단계 80% + 면접 20%	수(가)포함 3개 합 4등급 이내, 한국사 4등급 이내
서울대	지역균형선발	15	서류 + 면접 종합평가 100%	4개 영역 중 3개 영역 이상 2등급 이내
	일반 전형	30	1단계: 서류 100% 2단계: 1단계 50% + 　　　면접 및 구술 50%	없음
연세대	면접형	4	1단계(3배수): 학생부교과 50% + 학생부 비교과 50% 2단계: 서류 40% + 면접 60%	국, 수(가), 과(1), 과(1) 4개 영역 중 3개 이상 1등급 영 2등급, 한국사 4등급 이내
	활동우수형	6	1단계(일정배수): 서류 100% 2단계: 1단계 70% + 면접 30%	국, 수(가), 과(1), 과(1) 4개 영역 중 3개 합 4등급 이내 영 2등급, 한국사 4등급 이내
	기회균형	1		
전남대 (광주)	창의인재	10	1단계(5배수): 학생부 40% + 서류 60% 2단계: 1단계 80% + 면접 20%	국, 수(가), 영, 과(1) 합 7등급 이내
전북대	큰사람	2	1단계(배수): 서류 100% 2단계: 1단계 80% + 면접 20%	국, 수(가), 영, 과(2) 중 수 포함 3개 합 7등급 이내
조선대	농어촌	1	1단계: 학생부종합평가 100% 2단계: 면접 100%	없음

자료출처 : 각 대학 발표 2018학년도 대학입학 전형 계획 참조

3. 한의예과

　2018학년도 수시 모집의 한의예과에서 학생부종합전형으로 선발하는 대학은 경희대·대전대·대구한의대·동의대·부산대·세명대·우석대 등 7개 대학이다. 한의예과의 학생부종합전형 평가방법은 대구한의대 지역인재 전형만이 학생부종합 100%로 선발하고, 나머지 대학들은 단계별 전형으로, 1단계에서 학생부 또는 서류로 선발하고 2단계에서는 1단계 성적과 면접을 통해 최종 선발한다.

한의예과는 의예과와 치의예과보다 수시 최저학력 기준이 다소 낮은 편이다. 경희대(네오르네상스)·대전대(혜화인재)·동의대(지역인재 I)·우석대(지역인재) 전형을 제외한 모든 전형 유형에서 수능 최저학력 기준을 적용한다. 대구한의대(지역인재/기린인재)·부산대(지역인재)·세명대(세명미드필더십) 전형은 국어·수학(가)형·영어·탐구 중 3개 영역 등급 합 5~7등급 이내로 상대적으로 낮다.

따라서 한의예과 역시 의예과와 치의예과와 같이 한의예과에 지원하고자 하는 수험생들은 내신 성적과 비교과 활동을 꼼꼼히 관리하는 것도 중요하고 수능 최저학력기준에도 대비하여 수능 준비도 소홀히 하면 안 된다.

[2018학년도 한의예과 학생부종합전형 선발 방법]

대학명	전형 유형	모집인원	전형 방법	최저학력 기준
경희대	네오르네상스 (인문)	0	1단계(3배수): 서류 100% 2단계: 1단계 70% + 면접 30%	없음
	네오르네상스 (자연)	24		
대전대	혜화인재(인문)	2	1단계(4배수): 학생부 20% + 서류 80% 2단계: 1단계 50% + 면접 50%	없음
	혜화인재(자연)	3		

대학명	전형 유형	모집 인원	전형 방법	최저학력 기준
대구 한의대	지역인재(인문)	10	학생부종합 100%	자연계: 국, 수(가), 영, 과(1) 합 7등급 이내
	지역인재(자연)	3		*한국사 응시 필수
	기린인재(인문)	7	1단계(5배수): 학생부종합 100% 2단계: 1단계 80% + 면접 20%	인문계: 국, 수(나), 영, 사(1) 합 6등급 이내
	기린인재(자연)	7		
동의대	지역인재 I	10	1단계(6배수): 서류 100% 2단계: 1단계 70% + 면접 30%	없음
부산대	지역인재(인문)	미정	1단계(3배수): 서류 100% 2단계: 1단계 80% + 면접 20%	수(가) 포함 3개 합 4등급 이내, 한국사 4등급 이내
	지역인재(자연)			
세명대	세명미드필더십	7	1단계(5배수): 서류 66.7% + 교과 33.3% 2단계: 1단계 60% + 면접 40%	국, 수(가/나),영 3개 합 5등급 이내, *각 영역별 2등급 이내 한국사 2등급 이내
우석대	지역인재	9	1단계(5배수): 서류 100% 2단계: 1단계 70% + 면접 30%	없음

자료출처 : 각 대학 발표 2018학년도 대학입학 전형 계획 참조

많은 시대의 변화 속에서도 초등학교 교사가 되기를 희망하는 수험생들의 지원이 꾸준히 이어지고 있다. 전국 10개 교대의 수시전형은 학생부 위주의 전형이 실시되고 있는데, 특히 많은 대학에서 학생부종합전형 위주로 수험생을 선발하고 있다.

2018학년도 수시 모집 중 학생부종합전형을 통해 교대에 합격하기 위해서는 어떤 점을 주의해야 하고, 무엇을 준비해야 하는지 알아보도록 하자.

1. 나에게 맞는 대학을 찾아보자.

교대를 지원하고자 한다면 가장 먼저 내가 학생부교과전형에 유리한지 아니면 학생부종합전형에 유리한지를 꼼꼼히 따져 보아야 한다. 내신 성적에 자신이 있고 비교과 활동 즉, 학생부나 자기소개서 부분이 좀 약하다면 학생부교과전형으로 선발하는 대학을 지원하고, 내신 성적보다는 학생부나 자기소개서 부분에서 더 우수하다면 학생부종합전형으로 선발하는 대학에 지원하는 것이 유리하다.

그리고 학생부 위주의 선발이 이루어지는 모든 교대는 면접이 실시되는 단계별 전형으로 수험생을 선발한다. 즉, 1단계는 학생부나 서류를 통해 일정배수의 인원을 선발하고 2단계에서 1단계 성적과 면접을 통해 최종 선발한다. 또한, 수능 최저학력기준은 서울교대, 전주교대, 청주교대에서만 적용하고 나머지 대학에서는 적용하지 않는다. 지원 대학 선택 시 수능 최저학력기준 적용 여부도 매우 중요한 사항이기 때문에 이 점도 고려해야 한다.

교대 지원전략을 수립하기에 앞서 주의해야 할 사항은 대학별로 수시모집의 모집 인원 차이가 크기 때문에 모집 인원을 잘 살펴야 한다. 그리고 지원 시 성비적용 여부도 살펴보아야 한다. 교대의 경우 초등교육과 단일학과로 수험생을 선발하기 때문에 선발 인원이 많은 편이다. 하지만 성비적용 여부에 따라 지원가능점수와 성별 유·불리 등이 발생하기 때문에 미리 살펴봐야 한다. 예를 들어, 진주교대의 경우 21세기 교직 적성자 선발 전형과 지역인재선발전형의 경우 어느 한 성이 80%를 초과하지 못하는 성비를 적용하고 나머지 전형들은 성비를 적용하지 않는다.

또한, 교대는 인문계열 학생들의 전유물인 듯 인식하여 문과 학생들만 지원할 수 있다고 생각하기도 한다. 하지만 실제 자연계열 학생들도 불리하지 않다는 점도 알고 있어야 한다. 예를 들어 서울교대의 경우 수시 모집 전형에 지원하는 자연계 학생이 '교직 인성 우수자 전형'에 지원 시 자연계 학생이 응시하는 수학 '가'형과 과학탐구를 모두 선택한 학생은 수능 최저학력기준을 등급 합 11로 하향 조정하는 등 수능 최저학력 기준을 완화시켜 준다. 따라서 장래희망이 초등학교 교사인 자연계 학생들도 교과 성적과 비교과 활동이 준비되어 있다면 적극적으로 지원하는 것도 필요하다.

2. 내신 관리는 기본, 서류와 면접에 대한 대비도 철저히 하자.

학생부종합전형으로 교대에 합격하기 위해서는 내신관리와 함께 서류와 면접에 대한 준비가 필요하다. 서류는 대부분 학생부(교과+비교과)와 함께 자기소개서와 교사추천서를 반영한다. 이 중 자기소개서는 일반대학과 내용은 대동소이하다. 단, 일부 대학의 경우 질문 문항 중 '초등학교 교사가 되기 위해 노력한 내용'에 관해 기술하도록 하고 있어 이에 대한 정리가 필요하다. 또한, 자기소개서를 작성할 때도 '왜 초등학교 교사가 되려는지', '이를 위해 어떤 노력을 해왔는지'에 관해 일반대학과는 다르게 좀 더 명확하게 기술하도록 해야 한다. 학생부종합전형이긴 하지만 교대는 허수지원자가 별로 없는 특수목적대학이라는 점을 명심하도록 하자.

면접의 경우 면접방식에서는 일반대학과 유사하지만, 면접을 통해 알고자 하는 것은 일반대학에 비해 좀 더 명확하다는 것을 알아야 한다. 기본적으로 면접을 통해, 기초지식, 의사소통능력, 문제해결력 등을 판단할 것이다. 여기에 교직 사명감이나 교직관, 교사가 지녀야 할 품성과 자질 및 태도, 공동체 의식 등도 평가의 대상이 될 뿐 아니라 매우 중요한 평가요소이다. 기본적인 질문을 통한 인성 및 표현력, 문제해결력을 판단하고, 교직에 관련된 추가 질문이 출제되거나, 조별토의의 집단면접이 실시되기도 한다. 면접의 경우 선생님이나 선배 등을 통해 면접방법과 출제되는 면접 문제에 관해서도 미리 알아보면 도움이 될 것이다.

교대를 수시 모집에서 학생부종합전형으로 지원하려는 수험생의 경우 자기소개서와 면접에 대비하기 위해 우선 교대에 지원하려는 이유와 이를 위해 지금까지 해왔던 활동에 대해 차분히 정리해보는 시간을 반드시 갖자. 이를 통해 자기소개서를 작성하고, 자기소개서 내용을 토대로 하여 친구들과 모의면접을 실시해보도록 하자.

모의면접을 통해 발음이나 성량, 태도 등에 대해 나쁜 습관이 있는지를 살펴보고 연습을 통해 고쳐나가 보도록 하며, 교육과 관련된 이슈(따돌림문제, 태도가 불량한 학생에 대한 대처법, 교실 내에서 문제 상황 발생 시 대처법 등)들을 정리하여 예상 질문 등도 만들어 답변을 준비하도록 하자.

[2018학년도 수시 모집 교육대학 학생부종합전형 방법]

대학	전형명	모집인원	전형방법	수능 최저학력기준
경인교대	교직 적성잠재능력우수자	400	1단계(2배수): 서류 100% 2단계: 서류 70% + 면접 30%	없음
	국가보훈대상자	5		
	저소득층학생	15		
	농어촌학생(정원 외)	23		
	장애인학생(정원 외)	15		
	서해5도학생(정원 외)	5		
공주교대	지역인재선발	20	1단계(2배수): 서류 100% 2단계: 1단계 50% + 면접 50%	없음
	국가보훈대상자	5		
	기회균형선발(정원 외)	5		
	농어촌학생(정원 외)	14		
	특수교육대상자 (정원 외)	6		
광주교대	교직 적성우수자	145	1단계(3배수): 서류 100% 2단계: 1단계 50% + 심층면접 50%	없음
	전라남도교육감(학교장) 추천 (농어촌 및 도서지역)	35		
	광주전남인재	20		
	국가보훈대상자	5		
	다문화가정	3		
	장애인대상자(정원 외)	10		
	농어촌학생(정원 외)	10		
	기초생활수급자 및 차상위계층(정원 외)	7		
대구교대	참스승전형	210	1단계(2배수): 서류 100% 2단계: 서류 50% + 면접 50%	없음
부산교대	초등교직 적성자	104	1단계(2배수): 서류 100% 2단계: 1단계 60% + 면접 40%	없음
	지역인재	89		
	다문화가정	4		
	국가보훈대상자	4		
	농어촌학생(정원 외)	14		
	장애인등대상자(정원 외)	12		
	저소득층학생(정원 외)	5		

대학	전형명	모집인원	전형방법	수능 최저학력기준
서울교대	교직 인성 우수자	120	1단계(3배수): 서류 100% 2단계: 1단계 50% + 면접 50%	국, 수(가/나), 영, 사/과(2) 4개 합 9등급 이내 (수(가), 과 선택 시 11등급 이내)
	사향인재추천	20	1단계(3배수): 서류 100% 2단계: 1단계 50% + 면접 50%	없음
	다문화가정자녀	5		
	기회균형선발 Ⅰ	15		
	특수교육대상자	10		
전주교대	전라북도교육감추천	8	1단계(3배수): 학생부 60% + 기타(비교과, 자소서/교사추천서) 40% 2단계: 1단계 50% + 면접 50%	국, 수, 탐, 한국사 각 4등급 이내 영 2등급 이내
	소년소녀가장	2		
진주교대	21세기형 교직 적성자	105	1단계(3배수): 서류 100% 2단계: 1단계 50% + 심층면접 50%	없음
	지역인재선발	105		
	국가보훈대상자	3		
	다문화(탈북)학생	3		
	농어촌학생(정원 외)	12		
	기회균형선발(정원 외)	5		
	특수교육대상자 (정원 외)	10		
청주교대	지역우수인재선발	20	1단계(3배수): 학생부 100% 2단계: 학생부 31.3% + 서류 50% + 면접 18.8%	국, 수(가/나), 영, 사/과 4개 영역 평균 등급 5등급 이내, 한국사 4등급 이내
춘천교대	교직적 인성인재	108	1단계(3배수): 서류 100% 2단계: 1단계 40% + 면접 60%	없음
	강원교육인재	72	1단계(2배수): 서류 100% 2단계: 1단계 40% + 면접 60%	
	국가보훈대상자	4	1단계(3배수): 서류 100% 2단계: 1단계 40% + 면접 60%	
	다문화가정의자녀	2		
	기초생활수급자 및 차상위계층(정원 외)	9		
	농어촌학생(정원 외)	8		
	특수교육대상자(정원 외)	5		

\# 자료출처 : 각 대학 발표 2018학년도 대학입학 전형 계획 참조

Part 2

학생부종합전형
제대로 알기

  사회가 점점 복잡하고 다양화되며 세분화되어감에 따라 사회에서 요구하는 능력도 다양하고 세분화된 상황에 기계적으로 대처하기보다는 상황에 맞게 효율적으로 대응할 수 있는 능력을 더 선호하게 된다. 이에, 대학들도 사회에서 요구하는 능력을 갖춘 인재를 선발하여 키워내고자 한다. 따라서 대학들도 이러한 사회에서 요구하는 인재를 선발하고자 입학전형에서 단편적인 학업 능력만을 평가하기보다는 학업 능력의 정도뿐만 아니라 비교과 영역에 대한 비중도 높여 선발한다. 즉, 대학들이 선발하고자 하는 인재는 변화하는 사회에 쉽게 적응하고 변화하는 환경에 효율적으로 대응할 수 있는 인재이다. 이러한 인재는 학교 교과 성적과 수능시험 성적의 단순한 기준에 의해 선발하기는 쉽지 않다. 그래서 학업 정도뿐만 아니라 동아리 활동, 봉사활동, 독서활동 등 다양한 교내활동의 비교과 영역의 평가를 통해 선발한다.

이처럼 단편적인 지식 정도만을 평가하는 것이 아니라 교과 영역의 평가를 통한 학업능력과 비교과 영역의 평가를 통한 자질과 잠재력, 인성 등을 종합적으로 평가하여 선발하는 전형이 학생부종합전형이다.

1) 학생부종합전형이란?

상담한 학생 중에 1학년 때부터 언론 및 방송과 관련된 일을 하고자 한 학생이 있었다. 그 학생은 진로희망을 광고기획자로 정하고 학교 내에서 방송반 활동과 언론 및 방송과 관련된 동아리 활동과 독서활동 등을 꾸준히 했다. 그리고 토론대회와 프리젠테이션 대회 등에서도 좋은 결과를 얻어 관련된 수상실적도 다수 가지고 있었다.

다만, 이 학생은 내신과 수능 대비에도 노력했지만, 단순히 3학년 1학기까지 2.1등급의 내신 성적과 국어(2등급)/수학(3등급)/영어(2등급)의 수능 성적만으로는 원하는 대학에 진학할 수 없는 수준이었다. 하지만 실제 입시에서는 입학사정관이 학생부와 자기소개서 등 제출 서류를 면밀히 평가하고 면접을 통해 이를 확인하면서 학업 성적이 조금 부족하더라도 1학년 때부터 진로에 대한 명확한 목표를 가지고 그 꿈을 이루기 위해 꾸준히 노력한 부분을 높이 사고, 학생의 자질과 잠재력 등 발전 가능성을 우수하게 평가하여 원하는 대학에 진학할 수 있었다.

이처럼 학생부종합전형은 고등학교 교육과정, 대학의 학생 선발방법 등 대입전형에 대한 전문가가 학교생활기록부를 중심으로 교과발달상황, 비교과 활동사항, 자기소개서, 면접 등을 통해서 대학 및 학과의 특성에 맞는 학생인지를 종합적으로 판단하여 선발하는 전형이다.

학생부종합전형을 통해서 대학은 학생의 자질, 잠재력, 발전 가능성을 평가하고 대학의 건학 이념 및 학과의 특성에 맞는 재능 있는 학생인지를 판단하여 선발한다고 할 수 있다. 하지만 학생부종합전형이 비교과 활동사항을 중시한다고 해서 내신 성적과 수능 성적을 소홀히 해도 된다는 말은 아니다. 학교생활기록부 내의 점수화된 성적도 이 학생이 학업능력이 있는지와 지원한 학과에 적합한지 그리고 잠재능력을 가지고 있는지를 평가하기 위한 중요한 요소 중 하나다. 특히, 요즘 강조되고 있는 교과 영역의 '세부능력 및 특기사항'에 대한 내용은 대학이 학생부종합전형에서 아주 중요하게 평가하고 있는 이유 중 하나이다.

[한양대에서 학업능력이 우수하다고 평가받은 학생부의 실제 우수사례]

"학습에 대한 동기가 매우 강하고 학습 태도가 바른 학생으로, 토론수업을 할 때 토론주제와 토의 안건을 세우기 위해 책을 읽은 뒤 예상 질문을 작성하고 저자와 인터뷰를 통해 의미 있는 안건을 발췌하는 등 적극적으로 토론

수업에 참여하고 최종 보고서를 작성하여 훌륭하게 발표함"

"수업시간에 잘 듣고 적극적으로 발표해서, 가르치는 것이 즐거운 학생이다. 주어진 과제를 자기 나름대로 끈기 있게 도전하여 해결하였다. 수업에 가장 열심히 참여한 학생이다. 한 학기 수업 후 영어 문학 작품을 다루고 토의하고, 에세이를 쓰고 발표할 수 있는 능력을 갖추게 되었다."

"소그룹 토의에서 협력수업을 통해 사전에 학생들의 질문을 받아 토의 준비를 잘하는 준비성을 보여 주었고, 대로는 비판적 사고와 차분한 답변으로 토의를 잘 마무리하는 성숙함을 보여주었다."

따라서 학생부종합전형은 교과 성적과 함께 학교생활 내에서 이루어진 활동과 관련된 제출 서류가 종합적으로 평가되기 때문에 학교생활기록부에 기록되는 수상실적, 창의적 체험활동(자율활동·동아리 활동·봉사활동·진로활동), 독서활동 등은 충실히 관리해 두어야 한다.

2) 학생부종합전형의 특징

✏ 대학과 학과의 특성에 맞는 인재를 선호한다.

대학마다 대학과 학과가 원하는 인재상이 있어 대학은 그에 맞는 학생을 선발하기를 원한다. 하지만 내신 성적이나 수능 성적만으로는 대학이나 학과에 맞는 즉, 전공 적합성이 높은 학생을 분별하여 선발하기가 쉽지 않다. 예를 들어, 자연과학대학이나 공과대학 등에 지원한 학생이 수학 성적이 좋지 않지만 다른 과목의 성적이 높아 총점 순으로 우수하여 합격하였다고 한다면, 그 대학에서는 수학적 지식이 없는 학생에게 자연과학이나 공학을 가르칠 수밖에 없는 어려운 상황이 생겨 학생이 중도에 포기하게 되는 경우도 있게 된다. 그러나 학생부종합전형을 통해서는 대학과 학과별 인재상 및 전공 적합성을 고려하여 학생을 선발할 수 있게 된다.

📍 점수 위주로 학생을 평가하는 전형이 아니다.

학생부종합전형은 성적 평가만으로 학생을 평가하는 점수 위주의 전형이 아니기 때문에 내신 성적뿐만 아니라 진로활동, 자율활동, 봉사활동, 동아리 활동 등 학교 내의 다양한 비교과 활동을 통해서 학생의 다양한 능력을 보여 줌으로써 오히려 제대로 평가받을 기회를 얻는 것이다. 앞으로의 사회는 다양한 능력을 요구하고 있어 대학 또한 다양한 사회에 빨리 적응하고 대비할 수 있는 학생을 원하고 있어 학생부종합전형은 이를 대비하는 좋은 기회라고 할 수 있다.

📍 결과보다는 과정을 중시한다.

학생부종합(입학사정관제)전형이 도입되기 전까지의 입시제도는 획일화된 교육 시스템에서 학생들의 학업능력과 발전 가능성을 단순하게 교과 성적이나 수능시험 성적을 통해 점수화한 결과만으로 선발하는 방식이었다. 하지만 학생부종합전형은 점수화된 성적 결과가 조금 부족하더라도 학생이 하고자 하는 목표를 정하여 꾸준히 관심을 가지며 노력하는 과정을 중요하게 평가한다. 즉, 목표를 이루기 위하여 학교생활에 충실하고, 학교수업과 더불어 스스로 학습하는 과정과 독서활동, 동아리 활동, 진로활동 등을 통해서 잠재된 능력을 찾고 노력해 가는 과정을 중요하게 평가한다.

📍 인성이 주요 평가요소 중 하나다.

학생부종합전형은 인성을 주요 평가요소로 두고 있어 인성이 바른 인재를 선발하기 위한 가장 합리적인 방식이기도 하다. 단순히 점수만을 가지고 선발하는 전형에서는 인성이 바른지 그렇지 못한지를 구별하기가 쉽지 않다. 학생들도 인성교육을 중요시하게 되었으며, 학교 내에서 다양한 인성 프로그램을 개발하고 시행하면서 학생들 사이에 적극적인 소통이 이루어지는 선순환 구조도 정착되고 있는 계기가 되고 있다.

📍 교과 성적도 소홀히 해서는 안 된다.

학생부종합전형이 비교과 영역에 대한 평가를 중시하지만, 학생을 평가하는 과정에서 학생이 얻은 학업 성적도 중요한 평가요소 중 하나이다. 다만, 학생부종합전형은 성적의 결과뿐만 아니라 그 과정에 대한 평가도 한다는 것이며, 더 나아가 그 학생의 잠재된 능력과 발전 가능성을 평가하기 위하여 비교과 영역의 활동이나 인성 등을 종합적으로 평가한다. 그리고 학생이 특정한 부분에서 탁월한 능력을 갖추고 있더라도 학업 성적이 좋지 않은 학생은 대학교육과 생활에 적응하지 못하는 경우도 많기 때문에 성적에 대한 평가도 중요한 부분을 차지하고 있어 소홀히 해서는 안 된다. 특히, 학생부종합전형이 확대되고 있는 상황에서 교과 영역의 '세부능력 및 특기사항'은 계속 강조되고 있다.

02

학생부종합전형의 절차 및 순서

학생부종합전형으로 학생을 선발하는 절차는 대학마다 건학이념에 따라 필요로 하는 인재상이 다르고 입학사정관 등 구성원의 규모와 능력이 다양하므로 이에 맞춰 평가하는 학생부와 서류 등 자료, 면접의 시행 여부, 고등학교별 정보 수집 등 평가 방식이 다양하다. 그래서 학생부종합전형은 이러한 다양한 입학정보를 활용하여 학생을 선발하지만, 선발 절차를 한 가지로 규정하기에는 어려움이 있다. 여기에서는 한국대학교육협의회에서 예시하는 일반적인 절차를 알아본다.

한국대학교육협의회의 예시안에 따르면 학생부종합전형은
사전 공지 ⇒ 서류 심사 ⇒ 면접 ⇒ 최종 선발 등 4단계로 운영된다.

[학생부종합전형 공통 전형 절차]

사전 공지	서류 평가	면접	최종 선발
• 전형의 취지 • 지원 자격 • 선발 방법 • 선발 기준 • 제출 서류	• 자격 심사 • 학교생활기록부 • 자기소개서 • 교사추천서 • 지원 자격 관련 　서류 등	• 제출 서류에 대한 확인 • 기초학업능력, 전공 적합성, 잠재력, 문제해결능력, 창의성, 사고력, 리더십 등 파악 • 인성 및 봉사정신 등 파악	• 각종 위원회의 심의과정을 거치며 최종 합격자 결정 및 발표

※ 한국대학교육협의회 자료 참조

1) 사전공지

가장 먼저 '사전공지' 단계에서는 전형의 취지, 지원 자격, 선발기준 및 방법과 제출 서류 등에 대해 학생과 학부모 그리고 교사들에게 안내하는 절차이다. 일반적으로 매년 4월 말에 2년 후의 대학별 전형계획이 발표되고, 5월~7월 사이에 그해 수시 모집 요강을 발표되기 때문에 이러한 자료를 통해서 안내를 확인할 수 있다. 더불어 요즘은 대학별로 '학생부종합전형 안내'라는 자료를 통해 지원 자격, 제출 서류, 평가 기준 등을 자세하게 안내하고 있다.

2) 서류평가

'서류평가' 단계에서는 학생이 제출한 서류(학교생활기록부, 자기소개서, 교사추천서, 지원 자격 관련서류 등)를 토대로 지원 자격 및 서류평가를 진행하고 서류평가 통과자를 결정하게 된다. 학생부종합전형에서 대부분의 대학들이 단계별로 선발하면서 서류평가만으로 1단계에서 일정 배수의 인원을 선발한 후 다음 단계에서 면접을 통해서 최종 합격자를 선발하게 된다. 하지만 한양대 학생부종합전형처럼 일부 대학의 일부 전형에서는 서류평가만으로 합격자를 결정하는 경우도 있다.

이렇듯 학생부종합전형에서 서류평가는 매우 심층적이고 다면적이면서 세밀하게 평가되기 때문에 학생부종합전형으로 합격하기 위해서는 지원 대학에서 요구하는 서류가 무엇이고 각 제출 서류를 통해서 어떠한 내용을 평가하는지를 파악하고 꼼꼼하게 준비해 두어야 한다.

즉, 자기소개서도 미리 준비해 보면 유리하고, 수상실적과 각종 활동 상황 등을 증명할 수 있는 서류도 준비해 두는 것이 좋다. 그 밖에 자신의 적성이나 잠재력 또는 본인만의 특기 등을 나타낼 수 있는 자료가 더 있는지를 점검하고 꼼꼼히 챙겨서 자기소개서를 작성하거나 면접을 대비하는데 자료로 활용할 수 있다.

– 서류평가 방법 예시

예시1) 서울대 학생부종합전형 서류평가 특징 및 평가 방법

[평가 내용]

평가 영역	평가 자료	평가 내용
학업능력 지적 성취	학교생활기록부	• 교과 관련 성취수준(정성평가) • 학업 관련 교내 수상 • 세부능력 및 특기사항(교과 및 방과 후 학교 이수 내용) • 창의적 체험활동(학업 관련 동아리 활동, 탐구/연구 활동)
	자기소개서/추천서	• 자기소개서의 학업 관련 내용 • 추천서의 학업 관련 내용
	학교 소개 자료	• 교과 개설 현황/교내 시상 현황/학내 프로그램 개설 현황
지적 호기심 자기주도성 적극성 열정	학교생활기록부	학업 관련 교내 수상(교내 대회 참여도 및 노력) • 창의적 체험활동(동아리, 학내 활동 참여도 및 노력) • 세부능력 등 특기사항(수업참여도 및 태도, 심화과목 선 택 노력 등)
	자기소개서/추천서	• 학업에 대한 노력, 자기주도적 학습 태도, 수업참여도
개인적 특성 학업 외 소양	학교생활기록부	• 학업 외 교내 수상 • 창의적 체험활동 　– 동아리 활동 　– 리더십, 책임감, 공동체의식 　– 봉사활동에서 나타난 배려심 • 출결상황
	자기소개서/추천서	지원자의 인성, 대인관계

※ 자료출처 : 2017학년도 서울대 학생부종합전형 안내

예시 2) 성균관대 학생부종합전형 서류평가 특징 및 평가 방법

[평가 영역]

평가 영역		평가 내용(예시)
학업역량	학업수월성 학업충실성	"우리대학에 입학할만한 충분한 학업능력을 보여주었는가?" ⇒ 교과 성취수준(종합), 학업 태도, 학업 여건 등
개인역량	전공 적합성 활동다양성	"지원 모집 단위에 수학할 만한 재능과 열정을 지니고 있는가?" ⇒ 교과 성취 수준(개별), 관심 및 열의, 활동내용 등
잠재역량	자기주도성 발전 가능성	"글로벌 창의 리더로서의 자질 및 발전 가능성이 있는가?" ⇒ 자기주도성, 성실성, 리더십, 역경극복 의지, 봉사, 인성 등

[평가 내용]

평가 영역		평가 내용(예시)
학업수월성 학업충실성	교과 성적 선택교과 이수현황 학년별 성적추이 학업 관련 탐구활동 교과 관련 수상	• 교과 성적은 우수한가? • 보통/전문 교과 이수는 어떠한가? • 학년별 성적 추이는 어떠한가? • 전공과 관련한 교과 성적은 우수한가? • 관련 교과에 강점/약점을 보이는가?
전공 적합성 활동다양성	전공 적합성 자격증 및 인증 창의적 체험활동 (자율/동아리/진로) 독서활동 학업의지	• 학업 관련 탐구활동/방과 후 활동은 어떠한가? • 학업 관련 수상내역(내용/난이도)은 어떠한가? • 학업 관련 특별히 이수한 프로그램은 있는가? • 관련 분야에 우수한 성과를 보이는가? • 관련 분야에 다양한 활동을 하였는가? • 전공과 관련한 독서활동은 어떠한가? • 전공에 대한 관심과 열의가 보이는가?
자기주도성 발전 가능성	리더십 봉사활동 성실성 자기극복의지 공동체의식/교우관계 교사평가	• 리더십을 발휘한 경험 및 내용은 어떠한가? • 봉사활동의 내용, 주도성, 진실성, 변화된 점은 어떠한가? • 학교생활의 충실도는 어떠한가?(결석일수/사유) • 역경극복의 의지 및 경험은 어떠한가? • 사회활동에 대한 참여, 협동심, 교류활동은 어떠한가? • 교사의 의견은 어떠한가?(소질/적성/학교생활 충실도)

※ 자료출처 : 2017학년도 성균관대 학생부종합전형 안내

제대로 된 학교생활기록부와 자기소개서의 연계가 서류평가 합격의 열쇠이다.

학교생활기록부와 자기소개서에는 자신의 목표와 자신이 얼마나 가치가 있는지를 최대한 드러낼 수 있는 기록들로 채워져야 한다.

학교생활기록부에는 학생이 고등학교 재학 기간 동안의 다양한 활동이 담겨져 있지만, 각 활동을 개별적으로 기록한다. 그리고 자기소개서는 한국대학교육협의회의 공통문항 3개와 대학별 자율문항으로 구성되어 문항별 질문에 맞춰 학교생활기록부에 나타나지 않은 부분을 보완하는 역할을 하게 된다. 따라서 학생부종합전형의 서류평가에서의 두 축을 어떻게 연계시키느냐가 가장 중요한 서류평가 합격의 열쇠라고 할 수 있다.

예를 들어, 생명과학부를 지원하여 생명과학연구원이 진로희망인 학생이 있다. 이 학생은 학교생활기록부에서 '세부능력 및 특기사항'의 생명과학시간에 배운 교과 내용을 생물실험 동아리에서 실제로 실험주제로 정해 실험을 하고 실험보고서를 작성하는 등 교과 활동에서 배운 내용을 구체적으로 동아리 활동에서 활용하는 학생의 모습과 특징을 드러낼 수 있는 서류를 제출하였다. 거기에 수업시간에 배운 내용과 관련된 책을 읽는 독서활동을 수행하여 자기주도적으로 확장시켜 학습하는 적극적인 학생임을 나타낼 수 있는 서류를 구성하여 보다 좋은 평가를 받을 수 있었다.

※ 학교생활기록부 항목별 조합 예시

• 교과와 연계되지 않은 조합
  – 수상실적 + 창의적 체험활동
  – 수상실적 + 독서활동
  – 수상실적 + 창의적 체험활동 + 독서활동
  – 창의적 체험활동 + 독서활동

• 교과와 연계된 조합
  – 교과 세부능력 및 특기사항 + 수상실적
  – 교과 세부능력 및 특기사항 + 수상실적 + 창의적 체험활동
  – 교과 세부능력 및 특기사항 + 수상실적 + 독서활동
  – 교과 세부능력 및 특기사항 + 수상실적 + 창의적 체험활동 + 독서활동
  – 교과 세부능력 및 특기사항 + 창의적 체험활동
  – 교과 세부능력 및 특기사항 + 독서활동
  – 교과 세부능력 및 특기사항 + 창의적 체험활동 + 독서활동

*자료참조 : 학교생활기록부 정보의 재구조화, 서울대학교 입학본부

3) 면접고사

'면접' 단계에서는 제출된 서류에 대한 내용을 확인하고, 학생의 기초 학업능력, 전공 적합성, 문제해결능력, 창의성, 리더십, 봉사정신 등 학생의 특성과 교육환경에 대한 심층적인 면접을 진행하게 된다.

면접고사는 대부분 3~4명의 전공 관련 교수나 입학사정관들이 면접관으로 참여하여 학생 1명을 대상으로 10~15분 정도 면접을 하는데, 일부 대학에서는 집단 토론이나 서울여대처럼 제시문을 미리 주고 그에 대한 면접 또는 발표 평가 등의 방법이 실시되기도 한다.

[서울여대 인문사회계열 제시문 면접 2016학년도 수시 모집 기출문제]

※ 발표면접은 3분 내외로 앉아서 진행합니다. 면접 시 본인의 메모를 참고할 수 있습니다.

지역개발은 국가정책 및 경제성장을 중시하는 견해와 환경보전을 중시하는 견해가 대립될 때가 많다. 다음의 사례도 이에 해당한다. 〈자료1〉과 〈자료2〉는 국제대회 유치에 따른 지역의 산악개발에 대한 찬성과 반대의 입장을 각각 보여주고 있다. 양 측의 핵심적 주장을 말해보시오. 그리고 어느 쪽 입장이 타당하다고 생각하는지 밝히고 그 이유를 말하시오.

〈자료1〉 찬성의 입장

이 지역에서 국제대회가 개최된다고 하는 것은 국제사회에서 정해진 약속이다. 책임 있는 국제 사회의 일원으로서 성공적인 대회를 위한 준비를 진행시켜야 한다. 이번 대회개최로 지역 브랜드가치뿐 아니라 대한민국의 국가이미지도 상승할 것이다. 무엇보다 내외국인 관광객의 소비지

출에 따른 경제적 효과는 수천억 원에 이를 것으로 추산된다. 국제대회는 이러한 경제효과 외에도 다양한 국제 교류의 장이라는 의미도 있다. 글로벌 시대 대한민국의 국익을 위해서도 이 지역의 산악개발은 불가피하다.

스위스와 일본 등의 선진국은 산악을 이용한 부가가치를 창출해 왔다. 그에 비해 우리나라는 전 국토의 상당 부분이 산으로 이루어져 있지만, 산악을 활용한 부가가치의 창출도는 매우 미흡하다. 산악을 개발한다고 해서 반드시 산악이 훼손되거나 환경이 파괴되는 것은 아니다. 이번에 실시한 이 지역의 환경영향평가의 결과를 통해 볼 때 자연의 보전과 개발이 조화를 이루는 방식으로 개발이 가능할 것이다. 생태적 가치가 보호됨과 동시에 산악의 부가가치 또한 새롭게 창출되도록 할 것이다. 이런 측면에서 국제대회 후에는 1,000그루 이상의 나무를 이식할 것이고, 이를 통해 자연 서식지를 이전 상태로 복원할 계획이다.

〈자료2〉 반대의 입장

○○산은 명실상부한 남한 최고의 원시림이다. 대표적인 천연림 지대로 멸종위기에 놓인 자생식물과 약용식물 등의 증식 및 보호가 필요한 지역이다. 그뿐만 아니라 전국에서 제일가는 천연활엽수림과 희귀식물 등이 울창한 숲을 이루는 이곳은 조선시대부터 몇 백 년간 국가 보호림으로 지켜온 곳이다. 즉, 생태적 보전가치가 매우 뛰어난 곳이라고 말할 수 있다. 산악개발 중에 토양을 처리하기 위해 사용되는 화학물질은 이 지역에 영구적인 손상을 남기게 될 것이다. 대회 후에 자연 서식지를 복원한다고 하는 것은 자연의 기본적인 생리를 잘 모르고 하는 말이다.

관계 당국은 이 지역 외에 다른 지역은 선택지가 될 수 없음을 말하고 있지만 경영향평가가 타당성이 있는지 밝혀야 한다. 그래서 환경 훼손을 최소화하면서도 대회개최지로 적합한 곳을 새롭게 조사해야 한다. 국제대회 기간 중 경기장을 이용하는 것이 채 3일이 되지 않고 연습 일정까지 포함해도 최대 8일이다. 이 짧은 일정을 위해 수백 년간 보호해오고 있는 산림을 훼손한다고 하는 것은 있을 수 없는 일이다. 친환경 국제대회라고 하는 구호와도 맞지 않는다. 어떻게 하는 것이 진정으로 국가이익에 부합하는 일인지 현명하게 판단해야 할 때다.

이처럼 대학이나 전형에 따라 면접고사의 실시 방법이나 내용 등이 다양하므로 대학의 안내 자료나 홈페이지 그리고 선배들의 경험 등을 참고하여 기출문제나 시행 방법 등을 자세히 알아 두는 것이 매우 중요하다.

[학생부종합전형으로 합격하기]

학생부종합전형의 면접은 제출 서류 검증과 지원자의 인성과 적성, 발전 가능성 등을 파악하는 데 활용한다.

학생부종합전형의 면접은 학생이 제출하는 모든 서류의 내용을 기반으로 지원자를 총체적으로 평가하는 면접을 실시한다. 다만 기존 입시에서의 면접은 교과와 관련한 지식을 문제풀이 방식으로 평가할 수 있었는데 학생부종합전형에서는 교과 지식을 묻는 면접방식을 활용하지 않는다.

즉, 지원자의 학교생활, 소질, 인성과 적성, 발전 가능성 등을 파악하고 학교생활기록부와 자기소개서, 교사추천서 등에 기재된 내용을 중심으로 확인하고 평가하는 방식으로 이루어진다.

그래서 제출한 서류를 꼼꼼히 살펴보고 정확하게 숙지하는 것이 우선이다. 그리고 반드시 면접고사 전에 친구들과 함께 역할(면접관과 학생)을 바꾸어 실전연습을 충분히 해야 한다.

4) 최종선발

'최종선발' 단계에서는 각종 위원회의 심의과정을 거치며 최종 합격 여부를 결정하게 된다. 이러한 전형 절차와 함께 입학사정관전형(학생부종합전형)에서는 평가의 공정성 확보를 위해 '다수-다단계평가' 원칙을 준수하고 있다. 대학에 따라 전형단계는 다를 수 있지만, 일반적으로 다음과 같은 다수-다단계 절차를 통하여 학생을 선발하게 된다.

[다수-다단계평가 예시]

단계		평가 내용
1단계	지원 자격 심사	• 고교정보시스템(대교협 제공) 활용(전임입학사정관) • 전형취지 적합여부를 중심으로 지원 자격 심사
2단계	서류 유사도 검증	• 서류검증실시(유사도 검색시스템) ▶ 서류검증팀 검토회의 ▶ 진위여부 확인 ▶ 입학사정관위원회 심의 ▶ 공정성심의위원회 검토 ▶ 표절대상자처리
3단계	서류평가	• 서류평가: 전임입학사정관 또는 전임 + 위촉입학사정관
4단계	재평가	• 일정 등급 이상 차이 발생 시 제3의 평가자가 재평가 실시
5단계	재평가 및 재검토 대상자 심의	• 재평가 이후 재평가 대상자(재재평가) 심의 • 재검토 대상자 심의(서류 평가 시 실사를 시행하기도 함)
6단계	1단계 위원회	• 대학입학공정관리대책위원회 • 대학입학전형관리위원회 등 • 평가절차와 내용의 공정성 심의
7단계	면접평가	• 전임 및 위촉사정관 면접평가, 서류 진위확인, 인성평가, 역량 확인 등
8단계	최종 위원회	• 입학사정관위원회(유사도 검색 사후 모니터링 결과 심의 포함) • 대학입학공정관리대책위원회 • 대학입학전형관리위원회: 최종 합격자 결정

※ 한국대학교육협의회 현직 입학사정관에게 듣는 학생부종합전형 100문 100답

[성균관대 다수-다단계 평가]

1차 평가	2차 평가	3차 평가
• 입학사정관 2인 1조 교차평가 • 평가자간 독립평가	• 전임사정관 2차 평가 • 6개 영역 세부평가	• 서류평가위원회 구성 • 특이사항 심의/서류점수 확정

03

학생부종합전형의 평가 방법

학생부종합전형은 기존 다른 전형에서의 평가방법과 확연한 차이가 있다. 학생부종합전형 평가의 핵심 키워드는 종합평가와 정성평가 그리고 다수-다단계 평가이다.

▎ **학생부종합전형은 다양한 전형 자료를 활용하여 종합적으로 평가한다.**

기존의 입시가 학생들의 성적을 순서대로 나열하여 합격과 불합격을 결정하는 한줄 세우기식 평가였다면, 학생부종합전형은 지원자의 성적뿐만 아니라 학교생활기록부의 다양한 기록이나 자기소개서, 교사추천서, 추가제출 서류(필요시) 등 다양한 전형자료를 활용하여 종합적으로 평가하고 이후 면접 등을 통하여 지원자의 면모를 총체적으로 파악하여 평가를 진행한다.

■ 학생부종합전형은 지원자의 진정성을 정성적으로 평가한다.

학생부종합전형의 평가는 결과뿐만 아니라 과정도 더 중요시하게 평가한다. 따라서 단순히 내신 성적이나 창의적 체험활동이나 수상실적 등 교내활동의 횟수나 누적시간 같은 정량적인 평가에서 벗어나 학생 개개인의 환경과 특성을 고려하여 과정을 중요시하고, 여러 활동을 통해 지적 호기심, 잠재력, 창의성, 인성, 소질과 적성 등을 평가하는 정성평가를 실시한다.

입학사정관들은 진정으로 의미 있는 활동과 그렇지 않은 활동을 구분하고 학교생활기록부와 자기소개서 등 제출 서류에서 드러나는 지원자의 목표의식 및 활동의 다양성과 일관성 등을 살핌으로써 지원자의 활동이 가진 진정성을 파악한다. 또한, 지원자의 활동이 가진 수준을 판단하면서 활동 결과로서의 실적의 화려함이 보여주는 모습보다는 그 활동 자체에 주목하고 그 가치를 평가한다.

■ 학생부종합전형은 다수에 의한 다단계 평가를 통해 객관성을 확보한다.

학생부종합전형 평가의 또 다른 특징은 앞서 제시한 것처럼 다수에 의한 다단계평가를 통하여 공정성과 타당성을 확보하려고 노력한다는 점이다.

학생부종합전형은 주로 서류평가와 면접평가 등 여러 단계별 전형으로 이루어지는데 단계별로 보통 2~3명의 입학사정관과 전공 관련 교수가 참여하게 된다.

평가담당자의 평가에 대한 독립성을 강조하지만, 평가자 간의 서로 다른 평가 기준으로 인한 평가의 공정성이 침해되지 않도록 집중적인 교육 훈련과 평가 요소별 평가 기준을 통하여 평가자 간 편차를 줄이고, 일정 점수 이상의 편차가 발생했을 때는 제3의 평가자를 통한 재평가를 시행한다.

더불어 서류평가에 참여했던 평가자가 면접평가에 참여하는 것을 배제하고, 보다 많은 평가자의 평가 결과가 반영되도록 하여 공정성과 타당성을 높이는 평가방법을 시행하는 것도 큰 특징 중 하나이다.

학생부종합전형은 인성평가도 중요하다.

학생부종합전형은 학업능력과 전공과 관련된 다양한 활동을 중요하게 평가하지만, 학생의 인성에 대한 평가도 강조한다. 고교생활 중 기록 자료나 확인된 전형자료를 활용하여 대학들은 지원자의 사회성, 협동심 등 '인성'을 중요한 평가요소와 역량으로 설정하여 평가하고 있다.

그 외에 학업능력, 인성평가와 더불어 단순히 지적인 능력뿐만 아니라 지적 호기심을 충족시키기 위해 자료를 검색하고 동아리를 개설하는 등 적극적으로 실천해가는 능력을 평가하고자 노력하는 점도 학생부종합전형 평가의 특징이라고 말할 수 있다.

학생부종합전형은 고등학교 교육과정, 대학의 학생 선발방법 등 대입전형에 대한 전문가가 대학 및 학과의 특성에 맞는 학생인지를 종합적으로 판단하여 선발하는 전형이다. 그래서 평가에 필요한 자료 즉, 학교생활기록부를 중심으로 한 교과학습발달상황, 비교과 활동사항, 자기소개서, 교사추천서 등을 통해 심층적으로 평가하고 면접고사를 통해 서류의 진위를 확인하면서 학생들을 선발하게 된다.

학생부종합전형에서는 지원자를 선발할 때 핵심 요소인 학교생활기록부, 자기소개서, 교사추천서 등 제출 서류를 통해서 단순히 학업 관련 지필고사 성적만을 고려하는 것이 아니라 잠재력과 전공 적합성, 적극성과 열정 등을 가지고 있고 대학의 건학이념과 학과의 특성에 적합한 인재를 종합적으로 평가한다.

이에 주요 핵심 평가요소에 대해 앞으로 자세하게 알아보기 전에 학교생활기록부, 자기소개서, 교사추천서, 면접고사가 학생부종합전형에서 어떠한 역할을 하는지 미리 알아보자.

1) 학교생활기록부

학교생활기록부는 초·중등교육법 제25조에 근거하여 학생의 학업성취도 및 인성 등을 종합적으로 관찰·평가하여 학생지도 및 상급학교의 학생선발에 활용하는 자료이다.

학교생활기록부는 인적사항, 학적사항, 출결상황, 자격증 및 인증취득상황, 창의적 체험활동, 교과학습발달상황, 독서활동, 행동특성 및 종합의견 등으로 구성되어 있다.

학교생활기록부는 학생부종합전형에서 학생을 평가하는데 기본적이고 가장 중요한 핵심 요소이다. 학교생활기록부는 교과 영역과 비교과 영역으로 구분할 수 있는데 학생부종합전형에서는 교과와 비교과 영역을 따로 구분하지 않고 심층적이고 종합적으로 평가한다.

학생부종합전형이 학생의 특기나 적성, 잠재력, 창의성, 사고력 등을 중시하기 때문에 창의적 체험활동 등의 교내활동 경력이나 수상실적 등의 비교과 요소만 강조한다고 되는 것으로 생각하는 것이 일반적인 시각이다. 하지만 학생부종합전형에서는 학교생활기록부의 여러 활동 상황이 종합적으로 평가되기 때문에, 잠재 능력과 발전 가능성, 전공 적합성 등을 평가하는데 학생부교과 성적도 중요한 요소로 작용할 수밖에 없다. 따라서 학생부종합전형에 지원한다고 해서 내신 성적의 관리를 소홀히 해서는 안 되고 최대한 성실히 노력하고 준비해야 한다.

그리고 학생부종합전형은 지원하고자 하는 학과의 특성에 맞는 소질을 가지고 있으면서 발전 가능성과 잠재력을 지닌 학생을 선발하고자 시행하고 있어 그에 맞는 활동을 일관성 있게 준비해 가는 것이 중요하다. 따라서 자율활동, 동아리 활동, 봉사활동, 진로활동 등 창의적 체험활동과 수상실적 등의 비교과 활동은 뚜렷한 진로에 대한 목표의식을 가지고 그에 필요한 자질과 능력을 향상시키기 위해 꾸준히 노력해 온 학생이 좋은 평가를 받을 수 있으므로 진로 및 지원하고자 하는 학과와 관련된 활동을 일관성 있게 준비하면 훨씬 유리하다고 할 수 있다.

2) 자기소개서

자기소개서는 학교생활기록부, 교사추천서와 함께 학생부종합전형의 중요한 전형요소 중 하나이다. 자기소개서는 학생 자신의 내면에서 성장하고 있는 꿈과 열정을 확인할 수 있는 자료이며, 고교생활 동안 수행한 활동의 과정과 각 활동을 통해 배우고 느낀 점 등 구체적인 내용보다는 활동의 결과만 나타나 있는 학교생활기록부의 내용으로는 자세히 나타나지 않는 자신의 장점을 효과적으로 부각시킬 수 있는 자료이다.

자기소개서는 자기가 어떤 환경 속에서 자라왔으며, 학교생활이나 다양한 활동을 통해서 무엇을 배우고 느꼈는지, 자신의 진로를 위해 어떤 준비를 하고 어떠한 노력을 기울였는지, 지원 대학 및 학과에 적합한 자질을 충분히 갖추고 있는지 등을 표현하는 글이다.

학생부종합전형에서 자기소개서는 학생부로 학생을 이해하기 어려운 부분을 이해하고자 참조자료로 활용되기 때문에 자기소개서에 배점을 부여하여 평가하지는 않는다. 하지만 자기소개서를 통해 발전 가능성과 전공 적합성, 지적 호기심, 자기주도성, 열정 그리고 인성 등을 학교생활기록부로는 이해하기 부족한 부분을 보다 구체적이고 효과적으로 평가하는 데 활용할 수 있다. 따라서 학생부종합전형에서 자기소개서를 통해서는 진실성과 신뢰를 바탕으로 활동을 통해 배우고 느낀 점을 중요하게 평가한다는 점을 염두에 두고 활동상황을 단순히 나열하는 식으로 작성하는 것은 절대적으로 피해야 한다. 활동을 얼마나 많이 했느냐보다는 왜 하게 되었고(동기), 어떤 과정으로 했으며(과정), 그 활동이 어떠한 의미가 있었고 활동 후에 어떤 영향을 미쳤는지(결과)를 구체적이고 진솔하게 작성하는 것이 중요하다.

3) 교사추천서

교사추천서도 학교생활기록부, 자기소개서와 함께 학생부종합전형의 전형 자료 중 하나이다. 교사추천서는 해당 학생이 지원한 대학 및 학과에 적합한 학생이라는 점을 교사의 입장에서 글로써 나타내주는 자료이다.

교사추천서는 대학 및 전형에 따라 활용하지 않을 수 있지만, 활용하는 경우에는 학교생활기록부와 자기소개서와 함께 서류평가 시 참조자료로 활용되거나 면접고사 시 활용된다.

학생부종합전형에서 교사추천서는 학교생활기록부나 자기소개서에 드러나지 않은 내용을 보완함으로써 학습 결과뿐만 아니라 학습 과정을 이해할 수 있는 정보를 담고 있는 것이 좋으며, 사실에 근거하지 않거나 틀에 박힌 일반적인 표현은 삼가고 학생을 가까이에서 지켜본 교사로서의 시각이 충분하게 나타나는 것이 좋다.

4) 면접고사

면접고사는 학교생활기록부, 자기소개서, 교사추천서를 바탕으로 질문 문항을 작성하여 전공 적합성과 잠재력, 의사소통능력, 인성 및 사회성 등을 총체적으로 평가하는 과정이다.

학생부종합전형에서 면접고사는 제출한 서류의 내용을 확인하는 것만으로 판단하기 쉽지 않은 학생의 역량을 검증하고자 한다. 그러다 보니 그 목적이 있기 때문에 평가자의 입장에서 궁금한 부분을 학생에게 묻고 소통하면서 학생의 여러 역량을 평가한다.

학생부종합전형에서의 면접고사는 국어, 영어, 수학 등 교과지식을 묻는 형식의 면접방식은 활용하지 않는 것이 일반적이며, 지원자의 학교생활, 소질, 적성, 발전 가능성, 인성 및 사회성을 심층적으로 파악하고 평가하는 방식으로 이루어진다.

따라서 면접고사는 대학별로 심층면접을 하거나 제시문을 통한 토론 면접 또는 발표면접 등 지원자를 평가하는 다양한 면접유형으로 실시되기 때문에 지원 대학의 모집요강이나 기출문제를 통해서 꼼꼼히 살펴보고 대비하는 것이 좋다.

최근에는 '선행학습 영향평가'라는 자료를 통해 면접고사의 기출문제와 출제근거 등을 공개하고 있어 이러한 자료를 최대한 활용하는 것도 좋은 방법이다.

학생부종합전형 준비를 위한 Tip

(1) 준비의 시작은 '적성과 진로'의 고민과 결정부터!

학생부종합전형 준비의 시작은 내 적성이나 관심 분야, 진로 등이 무엇인지 생각하고, 명확하게 이해가 되었을 때 어떻게 준비해야 하는지 방향이 나온다.

(2) 계획을 행동으로 옮기기: 결과보다 과정을 보여주자!

내 적성과 관심 분야, 진로가 명확해졌다면 그와 관련된 활동에 참여해야 한다. 전공 적합성이 중요하기 때문에 지원하려는 학과와 관련된 활동을 하는 것이 좋다.

1학년 때는 다양한 활동과 체험을 통해 본인에게 맞는 계열과 전공을 찾아가는 과정, 2학년 때는 1학년 때의 활동을 바탕으로 좀 더 구체적으로 전공 적합성을 보일 수 있는 활동을 찾고 그 활동에 충실히 참여하는 과정을 보여주는 것이 중요하다.

(3) 활동내용은 반드시 기록으로 남겨라!

학생부종합전형에서는 고등학교 재학 기간 중 학생이 노력한 과정과 결과물이 기록된 학교생활기록부, 학교생활기록부의 내용을 보완해 주는 자기소개서, 교사추천서 등의 제출 서류에 기록되어 있는 내용을 바탕으로 평가받기 때문에 나의 활동 내용을 기록으로 남기는 것은 무엇보다 중요하다.

기록 하나하나가 입시에서 중요한 역할을 하기 때문에 누락되거나 잘못 기록되어서는 안 된다. 이렇듯 꼼꼼하고 자세하게 기록해 놓지 않으면 누락되거나 잘못 기재될 수 있어 1학년 때부터 철저히 기록하는 습관을 들여야 한다. 누적된 기록은 3학년이 되어 서류준비나 면 접 대비 시에 아주 유용하게 활용될 수 있다.

※ 학생부종합전형을 꼭 고민해봐야 하는 학생!

① 창의적 체험활동, 독서활동 등 비교과 활동에서 본인의 뚜렷한 진로 목표를 설정해 두고 이를 달성하기 위해 꾸준하게 노력하는 모습을 보여줄 수 있는 학생

② 내신 성적이 모의고사(수능)성적보다 상대적으로 우수한 학생

③ 전 교과 성적이 높지는 않지만, 지원하고자 하는 학과와 관련된 교과의 성적이 우수한 학생

④ 비교과 활동이 풍성하면서도 교과 성적에서 중상위권 이상을 유지한 학생

학생부종합전형이 가져오는 입시 변화

📎 '과정'을 평가하는 선발 방식의 변화를 유도하고 있다.

학생부종합전형은 기존의 일방적 강의형식의 수업에서 토론과 발표 등 소통의 수업 방식으로의 변화를 유도하면서 입시에서도 '과정'을 평가하는 선발 방식을 유도하고 있다.

실질적으로 학생들 간 토론이나 발표 형태의 교육 활동이 이루어지도록 돕고 있어, 학생들은 자신의 관심 분야에 대해 도전하는 적극적인 자세를 가지며, 인터넷 검색이나 독서 활동 등을 바탕으로 한 자기주도적 학습 능력을 키워 나가는 계기가 된다. 학생부종합전형은 시대적인 흐름에 맞게 융합적 사고력을 키우고 다양한 역량을 향상시킬 수 있도록 노력하는 방법과 자세를 강화할 수 있는 밑바탕이 된다. 이렇듯 입시에서도 '결과'보다는 '과정'을 중요시하는 평가 방식의 변화를 가져오고 있다.

▌ 학교수업과 학교 내 활동이 활성화되고 있다.

수시 모집이 확대되고 학생부전형이 수시 모집의 중요 전형으로 자리를 잡으면서 학교생활기록부가 가장 핵심적인 전형 요소가 되었다. 학교생활기록부가 중요해지면서 학생들의 수업 태도가 적극적으로 변화하게 되었고, 자율활동, 동아리 활동, 봉사활동, 진로활동 등 창의적 체험활동이 활성화되고 있으며, 학교별로 진학설명회, 진로진학 관련 프로그램 등 진로 및 진학 지도가 활성화되고 있다. 특히, 학교생활기록부, 교사추천서 등에서의 교사의 평가에 대한 역할이 강화되면서 상담 등 교사와 학생들 간에 상호작용과 소통이 늘어나게 되어 학교수업이 활기를 띠게 되었다. 이렇듯 학교 내의 모든 활동이 입시의 평가 기준이 되면서 공교육의 경쟁력을 강화하는 변화를 가져왔다.

▌ 학생들이 꿈을 찾고 진로에 관심을 갖게 되었다.

학생부종합전형이 도입되면서 진정한 꿈과 미래에 대한 고민이 없이 단순히 교과 공부만 하던 학생들이 자기 미래와 연관시켜 진로를 찾기 시작했다. 그리고 입시에서 교과 영역뿐만 아니라 비교과 영역에 대한 평가도 중요시하면서 진로를 정하고 그것을 이루기 위해 동아리 활동, 봉사활동, 독서활동 등 다양한 활동을 하면서 키워지는 전공 적합성과 적극성도 중요한 평가의 기준이 되고 있다.

시간 낭비로 생각했던 비교과 활동 시간에 학생들이 적극적으로 참여하고 자기주도적으로 자료 검색과 독서활동, 강연 수강 등을 하면서 전공 적합성과 지적 호기심을 충족시키고 자신의 진로에 대해서도 적극적으로 관심을 갖게 되었다. 더불어 선생님과의 상담 시간과 소통을 통해 보다 구체적으로 자신의 진로를 명확히 하는 계기를 만들어 주고 있다.

▌ 인성에 대한 평가가 중요해지고 있다.

학생부종합전형에서 고등학교 생활 중 꾸준히 타인을 배려하고 자기가 가진 능력을 나누어 협력하는 마음을 실천해 온 지원자를 좀 더 긍정적으로 평가하면서 입시에서 인성에 대한 평가도 중요시되고 있다. 따라서 학교생활기록부, 자기소개서, 교사추천서 등 서류에 기술된 지원자의 인성 관련 내용을 면접고사를 통해 확인하고 인성 및 가치관을 종합적으로 평가하면서 학교 현장에서도 인성 교육을 중요시하게 되었다.

▌ 고등학교와 대학교의 연계 활동이 확대되고 있다.

고등학교와 대학교의 연계 활동이란, 고등학교의 교육이 대학의 교육으로 원활하게 이행될 수 있도록 고등학교와 대학이 다양한 방식으로 상호 협력하는 관계를 구축하는 활동을 말한다. 이러한 활동에는 입시 설명회, 모의 전형 체험, 온·오프라인 상담활동, 캠퍼스 투어, 대학과 함께하는 봉사활동과 답사활동 등이 있다.

대학에서 실시하는 고등학교-대학연계 프로그램에 참여했다는 것만으로 입시에 유·불리가 있거나 가산점을 받진 않지만, 진로설계에 대한 필요한 정보를 얻고 교육적인 경험을 하고 대학에 들어가게 되는 선순환 구조가 정착되고 있다.

Part 3

학생부종합전형의
핵심
학생부 관리 요령

01

학교생활기록부의 구성과 역할

학교생활기록부는 교과 영역과 비교과 영역으로 나뉘는데, 대학입시에서 가장 기초가 되는 전형자료이다.

교과 영역은 흔히 말하는 '내신' 성적을 의미하며, 비교과 영역은 창의적 체험활동 등 다양한 활동을 기록하게 되어 있다. 최근 수시 모집이 확대되고, 학생부종합전형이 지속적으로 확대되면서 학교생활기록부는 더욱 중요해지고 있다.

이처럼 학생부종합전형에서 가장 중요하게 활용되는 학생부는 모집시기별(수시 모집과 정시 모집)로 대입에서 활용 정도가 다르다. 정시 모집에서는 수능을 주로 활용하며 수시 모집에서는 학생부종합전형 선발 규모가 매우 크기 때문이다.

수시 모집에서는 수능을 최저학력기준으로만 활용하기 때문에 학생부 활용 비중이 정시보다 매우 높은 편이다. 하지만 수시 모집에서도 전형에 따라 학생부의 비중과 반영 자료 등이 다르다는 점에 주의해야 한다.

학생부교과전형에서는 학생부의 교과 성적이 중요하며, 대학에 따라 출결과 봉사 등 비교과 자료를 반영하는 경우가 있다. 하지만 출결과 봉사 등 비교과는 합격에 큰 영향을 미치지 않는 경우가 대다수이다. 수시 모집 학생부종합전형에서는 전형의 특성상 교과와 비교과 영역 모두가 중요하며, 특히 비교과 영역이 매우 중요하게 활용된다. 수시 모집 논술이나 적성고사 등 대학별고사를 실시하는 전형에서는 학생부의 교과 영역만 주로 반영되지만, 입시에 미치는 영향은 낮은 편이다.

반면에 정시에서는 대학에 따라 학생부 반영을 하는 경우가 있으니 주의해야 한다. 정시에서 학생부는 주로 교과 성적만 활용하며, 서강대 등은 일부 대학에 따라 출결이나 봉사 등도 반영하는 경우가 있다.

모집시기	전형	학생부 반영 자료	활용정도
수시 모집	학생부교과	교과, 출결 및 봉사 (일부 대학은 비교과 반영)	높음
	학생부종합	교과 및 비교과 영역	매우 높음
	논술 및 적성 실시	교과, 출결 및 봉사	낮음
정시	수능 100	반영하지 않음	없음
	수능+학생부	교과, 출결(봉사)	낮음

1) 학교생활기록부 서술식 기재항목 작성기준

이처럼 대입에서 중요하게 활용되는 학교생활기록부는 크게 2가지로 개선된다. 대학의 전형 역량을 높이고, 학교생활기록부의 비교과 기재내용을 충실화하는 것이다.

대학들이 학생부교과 성적, 교과학습 발달사항, 비교과 활동(예술 및 체육활동 등 포함)사항 등을 대학 및 모집 단위 특성에 맞게 평가하도록 하고 있다.

교과 전형의 경우 모집 단위 특성에 맞는 교과를 중점 반영하거나 가중치를 부여할 수 있다. 또한, 학생부 위주 전형의 경우 공인어학성적 및 교과 관련 외부수상실적 등을 반영하지 않고, 제출 서류는 자기소개서 및 추천서 등 학생부 기재 내용 확인 및 보완을 위한 자료로 제한했다. 교과의 성취평가 결과는 2018학년도까지 성취평가제는 유예하기로 했다.

그리고 교원 업무부담 경감 및 대학의 학생부 반영 지원을 위해 학생부 기재요령을 개선해 기재분량을 적정화하기로 했다. 그러다 보니 여러 변화가 생겼는데, 먼저 진로희망사항에 학생들의 진로 선택 동기 등 기재란이 신설되었다. 학생부종합전형에 지원하는 학생이라면 내실 있게 기재해야 할 것이다.

전체적으로 학생부 최대 입력 가능 쪽수는 35쪽 내외에서 20쪽 내외로 줄어들게 되어 특색 있는 학생부 관리가 더욱 중요해졌다. 그리고 그동안 교내 수상 실적이 무분별하게 남발되고 있다는 지적에 따라 교내대회의 실제 참가인원을 병기하고, 불필요한 대회들을 제한하기로 했다.

전체적으로 학생부는 개인별 기재 사항의 항목별 입력 글자 수가 줄어듦에 따라 학생의 개인별 특성이 잘 나타날 수 있게 평소 학교생활기록부 기재 사항을 잘 관리하는 것이 유리해졌다.

영역		서술식 기재항목 입력내용 작성기준
교과학습발달상황 (세부능력 및 특기사항)		지필평가와 수행평가 결과를 토대로 과목별 성취기준에 따른 성취수준이 우수한 경우 이를 구체적이고 객관적으로 기재
창의적 체험활동	자율 활동	자치활동, 행사활동, 적응활동, 창의적 특색활동 중 개별적 특성이 드러나거나 활동내용이 우수한 사항을 중심으로 기재
	동아리 활동	학생이 참여한 동아리명, 학생의 개별특성이 드러나거나 활동내용이 우수한 사항, 참여도 및 협력도 등을 중심으로 기재
	봉사 활동	체계적이고 지속적인 봉사활동 등 특기할 만한 사항이 있는 학생에 한해 활동내용 입력
	진로 활동	진로 심리검사 및 진로상담 결과, 관심 분야 및 진로희망과 관련된 학생 활동 및 특기사항 등 학생의 진로 특성이 드러나는 사항을 중심으로 기재
독서활동 상황		과목별로 독서 관심 분야, 읽은 책, 특이사항 등 독서성향 및 이력을 사실 위주로 기재하되, 특정 교과에 해당하지 않을 경우 담임교사가 '공통'으로 기재
행동특성 및 종합의견		학생부 보조부 등에서 빠진 누가 기록된 행동특성, 학생부 항목별로 기록된 자료를 근거로 학생을 총체적으로 이해할 수 있는 문장을 기재 * 인성, 잠재력, 인지적·정의적 특성, 자기주도적 학습능력, 창의성, 예체능 활동 등을 중심으로, 핵심적인 사항을 근거를 들어 기재

2) 학교생활기록부의 세부 항목

학교생활기록부는 교사가 학생의 학업성취도 및 인성 등을 종합적으로 관찰 및 평가해 작성하는 수험생의 가장 중요한 기록물이다. 학교생활기록부는 수험생의 다년간 학교생활을 다수의 교사가 평가한 자료로, 수험생의 학업성적뿐만 아니라 다양한 활동을 평가할 수 있는 자료다. 학생부의 비교과 영역은 학생부종합전형에서 의미 있게 반영된다. 학생부의 비교과 영역에는 출결상황, 수상경력, 자격증 및 인증 취득사항, 자율활동 특기사항, 동아리 활동 특기사항, 봉사활동 특기사항, 진로활동 특기사항, 봉사활동실적 활동내용, 독서활동상황, 행동특성 및 종합의견 등이 있다.

▌ 출결상황

출결상황에는 결석일수, 지각, 조퇴, 결과 등이 있는데 무단결석, 무단지각 등이 있는지 확인해야 한다. 병으로 인한 결석 등은 감점사유가 되지 않는다.

학교폭력의 가해자로 관련된 내용이 기재되면 학생부종합전형 등에서는 불리해질 수 있다. 지각과 조퇴는 많은 학생이 잘 알지만, 결과에 대해서는 잘 모르는 경우가 많다. 결과는 수업시간에 불참하거나 수업의 진행을 어렵게 하는 등의 행위를 뜻한다.

✏️ 수상경력

수상경력은 교내상만 입력 가능하며, 모든 교외상은 학교생활기록부에 입력할 수 없다. 교내상은 수상명, 등급, 수상날짜, 참가 대상 등이 모두 입력된다. 과도한 스펙쌓기 및 수상실적 부풀리기 등을 막기 위해 교내상만 입력이 가능하게 되었다.

학급이나 학년 단위의 단체수상은 입력할 수 없으며, 전국단위 모의고사와 관련된 수상 실적 입력도 불가능하다. 수상경력은 교내상만 입력 가능하므로 고교 재학 중에 교내의 다양한 활동에 적극적으로 참여해 우수한 활동 실적을 기록하는 것이 좋다.

학생부종합전형에 지원하기 위해서는 학과 및 전공과 관련한 교내 상과 더불어 학생의 우수성을 입증할 수 있는 실적이 필수적이다. 수상실적에서 은상이나 동상보다 금상이나 대상을 받는 것이 유리하지만, 고등학교에서는 수상실적의 현황 자료를 공개하고, 대학에서는 공개 자료를 바탕으로 수상실적 내역을 면밀히 관찰하여 각종 대회 수상이 어떤 의미가 있는지, 어떤 과정을 거쳐서 상을 주는지, 지원자가 대회를 통해 어떤 성장을 이루었는지를 다각도로 살펴본다.

구분	수상명	등급(위)	수상 연월일	수여기관	참가대상
교내상	토론대회	금상(1위)	2016.05.21	○○학교장	전교생 (600명)
	표창장 (선행)		2015.07.09	○○학교장	전교생 (600명)
	교과우수상 (국어)		2016.06.16	○○학교장	2학년 (200명)

██ 자격증 및 인증취득상황

재학 중 취득한 자격증 등이 입력 가능한데, 입력이 허용되는 TESAT, 매경 TEST, 국어능력시험(한국언어문화연구원), 한국실용글쓰기 검정(한국국어능력평가협회), KBS 한국어능력시험 등과 네트워크 관리사, 인터넷 정보관리사, 신용분석사, 자산관리사, 실천예절 지도사, 샵 마스터, 지역난방설비관리사, ERP 물류정보관리사, 병원행정사, 수화통역사, 기계설계제도사, 자동차진단평가사, 열쇠관리사, 분재관리사, 조경조성 관리사 등 특성화고교와 관련된 자격증이 많아 특성화고교에 재학 중인 학생들이 재학 중 취득한 자격증을 입력하는 경우가 많다. 하지만 초등학교나 중학교에서 취득한 국가기술자격증이어도 고등학교생활기록부에는 입력할 수 없다.

예를 들어, 인문계 학생의 경우 상경 계열 관련 학과로 진학을 원하는데 재학 중인 학교에서 사회탐구 과목 중 경제 과목이 개설되지 못할 때가 있다. 이 상경 계열 진학을 목표로 삼은 학생에게는 자신의 전공 적합성을 보여줄 기회를 한번 놓치는 셈이 된다. 이럴 때 TESAT이나 매경 TEST 등 경제 관련 자격증을 취득하여 '경제 과목에 관심이 많았으나 학교에서 경제 과목이 개설되지 않아 혼자서 책을 보며 공부해나가던 중 경제 신문사에서 주관하는 경제 관련 자격증이 있다는 것을 알고 노력해서 취득했고 그 과정에서 ~ 것들을 배우고 느꼈다'는 식으로 나중에 활용할 수 있고 입학사정관들도 자기주도성과 적극성, 전공 적합성 측면에서 긍정적으로 평가할 수 있다.

▮ 진로희망사항

2015년부터 학생의 진로희망사유를 적게 된다. 특기 또는 흥미와 학생과 학부모의 진로희망 내용을 적게 되는데, 가급적이면 조기에 진로를 정해 관련된 내용을 적어두는 것이 좋다. 하지만 고등학생의 경우 학년에 따라 얼마든지 새로운 경험을 하면서 진로가 바뀔 수 있으므로 지나치게 통일할 필요는 없다.

▮ 창의적 체험활동

창의적 체험활동은 자율활동, 동아리 활동, 봉사활동, 봉사활동실적 상황, 진로활동으로 구분된다. 학생부종합전형에서 입학사정관을 비롯한 평가자들이 많이 보는 항목이므로 평소 체계적으로 관리할 필요가 있다.

교육부, 시도교육청 및 직속(산하)기관, 교육지원청에서 주최 및 주관한 체험활동은 기재가 가능하다. 대학이 주최하거나 주관하는 진로체험활동의 경우 학생이 개별적으로 또는 그룹 단위로 활동한 내역은 기재되지 않는다. 자율활동과 진로활동은 1,000자로 입력할 수 있고, 동아리 활동과 봉사활동은 500자 이내로 입력해야 한다.

자율활동은 적응활동, 자치활동, 행사활동, 창의적 특색활동 등으로 이루어져 있다.

자치활동은 학급회나 학생회 활동 등을 기록하며, 임원 경력을 학기 또는 학년 단위로 입력하게 된다. 학급이나 전교 학생회에서 수험생이 했던 활동 내역을 살펴볼 수 있다. 하지만 학급의 부장같이 형식적인 경우는 인정받기 어렵다.

동아리 활동은 학술활동, 문화예술활동, 청소년 단체활동 등 다양한 활동 중에서 수험생이 참여한 내용이 기록된다. 단순 참여 내용만 작성하는 것이 아니라 구체적인 활동 내역을 기재하므로 평소 동아리의 여러 활동을 적극적으로 참여할 필요가 있다. 이런 활동들은 자기소개서에서 학과 지원 동기 등과 연계해 작성할 수 있다.

봉사활동은 장소 또는 주관기관명, 활동내용, 활동날짜, 시간 등을 기록하게 되어있다. 간혹 누락되는 경우가 있으니 제대로 입력되었는지 확인해야 한다. 봉사활동은 개별 고교에서 진행했던 내용은 크게 인정받기 어렵다. 그리고 해외봉사활동 등은 입력할 수 없으며, 봉사활동의 '양'보다는 '질'적인 면이 중요하다.

사회복지학과를 비롯해 다양한 학과에서 봉사활동을 통해 수험생 본인의 지원동기를 자기소개서와 면접을 통해 어필할 수 있다. 봉사활동 시간이나 실적이 많다고 해서 평가에서 무조건 좋은 점수를 받는 것은 아니다. 봉사활동 자체가 중요하다기보다는 봉사활동을 통해 무엇을 배우고 느꼈는지, 어떤 면에서 성장했는지, 이러한 변화를 통해 주변에 어떤 영향을 끼쳤는지가 더욱 중요하다. 그러기 위해서는 봉사활동을 할 때 지속적이고 정기적으로 활동하고 기록하는 것이 중요하다.

✑ 독서활동

독서는 학생의 지적 호기심과 지식수준을 파악할 수 있는 좋은 항목이다. 하지만 대다수 수험생들이 체계적으로 독서활동을 관리하지 못하고 있다. 실제로 많은 수험생의 독서활동에서 비슷한 책을 읽는 경우가 많다. 이 점을 예방하려면 평소 진로 및 학과와 관련된 양질의 독서를 하고, 기록하도록 하자. 독서활동은 공통으로 1,000자로 입력할 수 있고, 과목별로 각 500자 이내로 쓸 수 있다.

✑ 행동특성 및 종합의견

이 항목은 학교 선생님이 작성하는 항목으로, 이를 통해서 행동특성 및 종합의견을 통해 학생의 인성을 비롯한 다양한 측면을 평가할 수 있다. 평소 학교수업을 비롯해 교내활동 등에서 좋은 평가를 받을 수 있도록 적극적으로 임해야 한다.

3) 학생부종합전형에서 합격을 원한다면 철저한 학생부 관리부터!

✑ 지원 전형 및 목표 대학에 따라 관리 영역을 달리하자.

학생부종합전형에 지원하는 학생이라면 학생부의 교과 및 비교과 관리에 힘써야 한다. 하지만 수시 모집 학생부교과전형이나 정시 모집에 주로 지원할 계획이라면 학생부교과 성적 관리를 최우선으로 하되 기본적인 출결과 봉사활동 정도만 관리하면 된다. 특히, 정시 모집에 지원할 경우 대학별로 수능 100% 선발을 하거나 모집 군별로 수능과 학생부를 합산해 선발하는데, 정시 모집에서 주로 학생부는 교과 성적과 출결 정도만을 반영한다.

📍 교과 성적도 우선순위에 따라 전략적으로 관리하자.

계열에 따라 우선순위 과목이 다르다. 기본적으로 인문계열의 경우 국어, 영어, 사회 교과를 중심으로 자연계열의 경우 수학과 과학 교과를 중심으로 내신 관리를 해야 한다. 내신 대비를 통해 수능이나 논술, 적성고사를 준비한다는 생각으로 계열별 중요 과목에 따라 성적 관리를 해야 한다.

학생부종합전형의 경우 교과 성적을 계량적으로 평가하지는 않지만, 자신이 지원하는 학과에 관련된 교과 성적은 전공 적합성과 지원 대학에서 학습할 수 있는지를 판단하는 평가 지표가 되기 때문에 우수한 성적을 거둬야 한다.

📍 임원, 동아리 등 학교 활동에 충실하자.

학생부종합전형에 지원하는 학생이라면 교내활동에 적극적으로 참여해야 한다. 전교학생회나 교내 동아리 등에서 주도적인 역할을 한다면 리더십과 적극성, 성실성 등의 평가 항목에서 좋은 평가를 얻을 수 있다. 중요한 것은, 자신만의 구체적인 활동 경험과 발전된 모습 등이 있어야 한다는 점이다. 그리고 해외봉사활동을 비롯한 교외 체험이나 인증시험 등 대입에서 반영하지 않는 무의미한 교외 비교과 준비는 자제하는 것이 좋다.

■ 학기별로 학생부 현황 체크하고, 보완하자.

학기별로 학생부 사본을 발급받아 현재 자신의 교과와 비교과 수준을 파악하는 것도 중요하다. 주요 교과의 석차 등급 등을 활용해 교과별 성적 추이 및 전체적인 성적 추이 등을 분석해보자. 그리고 봉사활동이나 교내활동 등이 제대로 입력되었는지 확인하고, 누락된 활동 등은 다시 입력할 수 있도록 선생님께 요청하자. 학생부의 다양한 자료들을 주기적으로 검토하면서 자신에게 부족한 점들을 찾아 다음 학기에 보완할 수 있도록 하자.

02

입학사정관은 학생부를 어떻게 평가할까?

학생부에 기록된 내용을 통해서 입학사정관들은 학생의 학업역량, 성실성, 잠재력, 전공 적합성, 발전 가능성 그리고 인성 등을 종합적으로 평가하게 된다. 따라서 학생부의 내용을 항목별로 평가하기보다는 항목 간 연계성을 고려하여 평가한다.

[학생부종합전형의 항목별 학생부 평가 방법]

항목	평가 준거	평가 내용
학적사항	교육환경 인성	– 학적 변동 상황에 따른 사유 검토
출결상황	성실성 책임감	– '무단결석/지각/조퇴/결과' 기록과 특이사항 확인으로 성실성과 책임감 평가
수상경력	학업역량 전공 적합성 인성	– 참여 정도와 수상 내용을 파악하여 학업역량과 전공 적합성 평가 – 희망 학과와 관련된 수상 내용과 참가 대상에 주목

항목		평가 준거	평가 내용
자격증 및 인증 취득상황		전공 적합성	– 지원 학과 관련 자격증 취득 내용을 파악하여 전공 적합성 판단
진로희망사항		전공 적합성	– 특기/흥미와 관심 분야의 일치성 및 희망사유에 주목하여 전공 적합성 파악
창의적 체험 활동	자율활동	리더십 인성	– 활동 참여도와 지속성 및 활동의 충실성 등을 확인하여 리더십과 인성 평가
	동아리 활동	전공 적합성	– 관심 분야와 활동내용의 과의 관련성 또는 확장 정도에 주목하여 전공 적합성 파악 – 활동 분야와 지속적인 참여 정도에 주목
	봉사활동	인성 전공 적합성	– 관심 영역과 활동내용의 관련성 및 인성 평가 – 지속적인 활동과 개인 활동에 주목
	진로활동	전공 적합성	– 관심 분야와 관련된 활동의 지속성과 적극성을 검토하여 전공 적합성 평가
교과학습발달상황 (세부능력 및 특기사항)		학업역량 전공 적합성	– 지원 학과와 관련한 교과목 성적에 주목: 교과목(일반교과+심화교과)과 석차등급 추세 주목 – 세부능력 및 특기사항에서 자기주도성, 확장성에 주목하여 학업역량과 전공 적합성 평가
독서활동상황		전공 적합성 인성	– 독서량과 느낀 점에 주목하여 전공에 대한 관심도, 인성, 가치관 파악
행동특성 및 종합의견		학업역량 전공 적합성 인성	– 교사의 종합의견을 통해 개인의 특성(학업역량, 전공에 대한 관심도, 학습습관, 인성 등) 파악

1) 학업역량 평가

학생부종합전형으로 학생을 선발할 때 가장 중요하게 고려되는 부분은 학생이 대학에서의 학업에 필요한 능력을 갖추고 있는지를 판단하는 것이다. 이러한 학업 능력 평가는 단순히 교과 성적 수치만으로 판단할 수 없기 때문에 학업과 관련된 활동 전반을 고려하여 평가하게 된다. 입학사정관들은 학습활동을 통한 지식의 이해와 적용 능력, 적극적인 탐구와 지적 호기심, 능동적인 학습 태도 그리고 꾸준한 노력의 흔적이 보일 때 비로소 학업 능력이 우수하다고 판단한다.

이러한 학업 역량을 갖추었는지를 평가하고자 교과목 이수 현황을 토대로 학생이 학습해 온 내용과 범위를 파악하고, 방과 후 학교 이수 현황, 동아리 활동, 독서활동 등 여러 학습 활동을 통해서 학생이 축적한 지식의 양과 학업 역량을 판단한다.

2) 전공 적합성과 발전 가능성 평가

성공적인 대학생활을 위해서는 적극적으로 지적 호기심을 충족시키려는 의지와 능동적이고 자기주도적인 학습 태도가 아주 중요하다. 그래서 입학사정관은 학생부종합전형에서 학생부의 내용을 바탕으로 학생의 지적 호기심 정도, 적극성, 학업 의지 등을 파악하여 이 학생이 전공에 얼마만큼 관심이 있는지, 대학생활을 통해 발전할 가능성이 있는지를 평가하고자 하는 것이다. 따라서 학생들은 전공과 관련된 수상경력과 동아리 활동, 독서활동, 교과 세부능력 및 특기사항 등을 통해 학생 각자의 능력과 자질을 대학에 보여 주어야 한다.

3) 인성과 소양 평가

대학생활과 졸업 후 사회생활에서 구성원으로서의 역할을 수행하려면 지적인 소양과 함께 생활하고 살아가기 위한 연습과 구성원들 간 소통하는 연습 그리고 현실 속에서 나타나는 문제를 해결하기 위한 소양이 필요하다.

　입학사정관은 학생부에 기록된 학업 외의 수상경력, 자율활동, 동아리 활동, 봉사활동을 통해서 지원자의 인성뿐만 아니라 리더십, 공동체 의식, 책임감, 의사소통능력 등을 평가하고, 행동특성 및 종합의견을 통해서는 학교생활 전반에서 나타난 대인 관계 특성이나 배려심, 공동체 의식 등 개인적인 성향을 평가하고자 한다.

　하지만 학생부종합전형에서의 학생부를 통한 인성과 소양 평가는 학생들에게 완성된 인품, 인성, 소양을 보려는 것이 아니라 그러한 소양을 쌓아가는 과정과 경험을 평가하려는 것이라는 점을 반드시 기억해야 한다.

03

학생부의 핵심 교과 성적 제대로 관리하기

1) 학생부종합전형에서 교과 성적이 왜 중요한가?

아직도 많은 학부모님과 학생은 학생부종합전형이 학생의 잠재력과 특기 적성이 우수한 학생을 선발함에 있어 비교과 영역과 면접 등을 우선시하여 평가한다고 오해하고 있다. 이러한 오해를 일으킨 원인은, 학생부종합전형 관련 기사나 대학 홍보용 책자의 합격 수기 등이 비교과 영역이 눈에 띄는 학생들을 중심으로 구성되기 때문인 것으로 생각된다.

하지만 학생의 잠재력을 파악하는데 가장 기본이 되는 것은, 학생부의 교과 성적이다. 만약 특정한 소질을 가지고 있는 학생이 자기 적성과 연관성이 있는 교과에서 좋은 성적을 거두고 있고, 그 교과와 관련된 다양한 활동 경험을 쌓고 있다면 이 학생은 잠재력과 발전 가능성 측면에서 좋은 평가를 받을 수 있다.

앞서 지속적으로 강조했듯이 지원하는 학과와 관련이 있는 과목의 성적은 평가에서 매우 중요한 참고자료가 되므로 반드시 교과 성적 향상에 신경을 써야 한다. 특히, 본인이 지원하려는 전공과 관련된 교과 성적 관리는 필수이다. 예를 들어 영어영문학과를 지원하고자 하는 학생의 영어교과 성적이 저조하거나, 수학교육과를 지원하고자 하는 학생의 수학교과 성적이 우수하지 못하다면 합격할 가능성은 아주 낮다고 볼 수 있다.

2) 교과 성적 관리 방법

✏ 진로와 관련 있는 과목은 특히 성적관리를 해야 한다.

수도권 지역 주요 대학의 학생부종합전형에 지원하려면 반영교과 내신 성적이 주요 대학은 2등급 이내, 그 외 대학들은 최소한 3등급 이내가 되어야 한다. 그리고 전체적인 내신이 낮다면 자기가 지원한 학과와 관련된 교과의 탁월한 성적은 필수적이다.

즉, 인문계는 국어·영어·수학·사회 교과, 자연계는 국어·수학·영어·과학 교과의 성적이 전체적으로 우수하다면 더욱 좋겠지만, 그렇지 못하다면 학과 및 전공과 관련된 과목의 성적 관리에 집중하는 것이 아주 중요하다.

아래 전북대의 경우에서 볼 수 있듯이 인문계는 국어와 영어, 사회 교과를 중점적으로 참고하고, 자연계는 수학과 과학 교과를 우선시하여 평가하고 있다.

[모집 단위별 전공 관련 참고 교과]

인문계 모집 단위			자연계 모집 단위		
대학별 모집 단위	전공 관련 참고 교과		대학별 모집 단위	전공 관련 참고 교과	
경영학부	영어	수학	건축공학과	수학	영어
경제학부	수학	일반사회/경제 관련	고분자, 나노공학과	영어	화학 관련
국어교육과	국어		기계공학과	수학	영어
국어국문학과	국어	영어	생명공학부	화학 관련	생명과학 관련
무역학과	영어	일반사회/경제 관련	소프트웨어공학과	수학	영어
문헌정보학과	영어	국어	신소재공학과	수학	화학 관련
사학과	역사	일반사회 관련	전기공학과	수학	영어
사회복지학과	역사 관련	일반사회 관련	전자공학부	수학	물리 관련
사회학과	영어	일반사회 관련	컴퓨터공학부	수학	영어
신문방송학과	국어	일반사회 관련	토목공학과	물리 관련	지구과학 관련
심리학과	국어	영어	통계학과	수학	영어
영어교육과	영어	국어	항공우주공학과	수학	물리 관련
정치외교학과	영어	일반사회 관련	화학공학부	수학	화학 관련
철학과	국어	윤리 관련	환경공학과	수학	화학 관련

※자료 참조 : 전북대학교 2017학년도 수시 모집 모집 요강

📗 교과 영역은 절대적인 성적뿐 아니라 성장하는 모습이 핵심이다.

학생부의 교과 성적이 1학년부터 3학년까지 국어·수학·영어 등 주요 과목이 1등급이나 2등급 등 우수한 성적을 유지한다면 좋겠지만, 현실적

으로는 학생마다 잘하는 과목이 있고 그렇지 못한 과목이 있는 경우가 대부분이다.

1학년 성적이 좋지 못하거나 일부 과목의 성적이 우수하지 못하다고 해서 미리 포기하거나 실망할 필요는 없다. 학생부종합전형에서는 학년이 올라가면서 성적이 점차 향상하는 것을 보여줄 수 있다면 잠재력이 우수하다고 평가받을 수 있다.

즉, 1학년 때의 성적이 낮더라도 2학년, 3학년으로 올라가면서 성적이 향상되는 성적 추이를 중요하게 평가하며, 취약 과목의 경우 3학년에 다양한 노력과 열정으로 성적을 올린다면 발전 가능성 부분에서 좋은 평가를 받을 수 있다.

교과와 연계된 활동으로 확장시켜라.

학생부종합전형에서는 교과 점수만으로 파악할 수 없는 학생의 교과별 학습활동의 내용과 과정, 학습방법, 학생의 개별적인 학습 태도, 학습 내용의 양과 지적인 성장 부분까지 종합적으로 파악하고 평가하려 한다. 따라서 교과와 연계된 방과 후 학교 활동, 독서활동, 과제연구, 교내 탐구발표대회 등 경시대회, 토론대회 등에 참여한 과정과 노력이 구체적으로 나타나면 유리하다.

실천 가능한 학습계획을 세우고, 수업에 경청하며 미리 반복학습을 하자

■ 실천 가능한 학습 계획 세우기

주변에 학습 플래너를 가지고 다니며 학습계획에 따라 공부하고 점검하는 친구들이 있을 것이다. 중간고사나 기말고사 날짜가 정해지면 특정 범위를 비교적 짧은 시간 동안 집중해서 준비해야 하므로 계획대로 공부하지 않으면 완벽히 준비할 수 없어 학습 계획은 매우 중요하다.

평소 자신이 하루의 시간을 어떻게 활용하고 있는지 점검하고, 자신의 학습 성향에 맞춰 실천 가능한 학습계획을 짜는 것이 필요하다. 이때 중요한 것은, 욕심부리지 말고 실천 가능한 계획을 짜는 것이다. 계획이 밀리면 이틀, 사흘 누적되어 처음 계획했던 대로 내신 대비를 하지 못하게 되기 때문이다.

■ 시험 기간의 선생님 말씀 = 시험 문제 수업에 집중하기

학교 내신 시험은 수업하는 선생님께서 출제한다. 즉, 선생님이 수업시간에 강조한 부분이 곧 시험 문제가 될 수 있다는 의미이다. 그러다 보니 내신 성적을 잘 받으려면 수업에 집중해야하는 것이 당연하다.

수업 내용 중에서도 선생님이 어떤 부분을 강조했는지, 선생님이 내는 문제의 유형은 어떤지 등 과목마다 선생님들의 성향을 파악하는 것도 중요하다. 정확히 이해하지 못한 내용을 질문하는 것도 선생님의 출제 성향을 파악할 수 있는 하나의 방법이다.

■ 최소한 시험 3주 전부터는 반복학습 하기

내신을 완벽히 준비하기 위해서는 최소한 3주 전부터는 학교 시험 준비에만 집중하는 것이 좋다. 그래야 조급해하지 않고 체계적으로 공부할 수 있다. 내신은 시험 범위가 정해져 있는 만큼, 범위 내 내용을 정확히 파악하는 것이 중요하다. 그러기 위해서는 시험 범위를 4~5번 반복 학습이 기본이다. 같은 내용을 공부하다 보면 흐름이 잡히고 놓치는 부분 없이 꼼꼼하게 공부할 수 있다.

공부량이 많은 고등학교수업에서는 벼락치기로 결코 내신을 완벽하게 대비할 수 없다. 꼼꼼히 학습 계획을 세우고, 수업에 경청하고, 시험 3주 전부터 반복 학습을 해서 원하는 내신 성적을 거둘 수 있어야 한다.

■ 1주 전부터는 시험일정과 역으로 학습일정을 계획하기

　　대부분 학교에서 3~4일 동안 하루에 2~3과목 정도를 시험을 치른다. 예를 들어 첫날에 국어 시험을 보고 마지막 날에 영어 시험을 치른다면, 마지막 1주 전부터는 마지막 날에 보는 영어공부를 먼저하고 제일 처음 시험을 치르는 국어 공부를 마지막으로 공부하는 계획을 세워 시험일정과 연결될 수 있도록 하면 보다 효율적으로 학습할 수 있다.

수시 모집 선발 인원과 학생부종합전형이 확대되면서 학생부는 대학으로 가는 데 가장 기본적이고 핵심적인 자료로 이용되고 있다. 입학사정관이 학생의 고등학교 3년간의 생활과 지원 학과에 대한 열정을 평가할 수 있는 중요한 자료로 이용하기 때문에 학생부 관리의 중요성은 점차 커지고 있다. 따라서 고등학교 입학과 동시에 어떻게 학생부를 관리할 것인가에 대한 계획과 전략을 세워야 하며 그것이 성공적인 대학 입시를 위한 초석이 될 것이다.

입학사정관들은 학생 선발 과정에서 학생부를 가장 중요한 자료로 활용하고 있어 학생의 학교생활 참여 자세나 활동 정도를 항목별로 즉, 수상경력, 자격증 및 인증 취득상황, 진로희망사항, 창의적 체험활동 상황

(자율활동/동아리 활동/봉사활동/진로활동), 교과학습발달상황(세부능력 및 특기사항), 독서활동, 행동 특성 및 종합의견 등을 상세하게 작성하는 것이 보다 중요하다.

1) 수상경력 관리 방법

입학사정관들이 '수상경력' 항목을 통해서 판단하고자 하는 것은 지원 학과와의 연관성과 참여 동기, 준비하는 과정, 수상 결과 등이다. 하지만 학생부에는 단순히 수상결과만 기록될 수 있다. 그래도 입학사정관들은 학생부에 기록되어 있는 수상경력 내용을 바탕으로 자기소개서와 면접을 통해 평가하기 때문에 학생들은 수상경력에 대해 구체적으로 설명할 수 있어야 한다.

따라서 다양한 수상경력을 갖추는 것도 중요하지만, 수상을 할 수 있었던 이유, 준비하는 과정, 시행 절차, 대회 수준, 결과물, 수상 이후 과정 등을 충분히 설명할 수 있어야 한다.

▌ 지원 학과와의 연계성이 중요

지원 학과나 진로 희망과 관련이 있는 수상경력은 좋은 평가를 받을 수 있다. 예를 들어 화공생명공학부를 지원하는 학생의 경우 영어와 수학은 필수적이고, 화학, 생물 관련 경시대회에서 수상한 경력은 큰 영향력이 있다. 하지만 수상을 못 하더라도 참여를 통한 도전의식도 어필할 수 있는 주요한 스펙이 된다.

■ 교과 성적의 장점을 극대화할 수 있다.

학생의 수상경력은 교과 성적의 문제점을 만회하거나 학생의 장점을 극대화시킬 수 있다. 예를 들어 학생이 화학 과목의 성적이 공부한 양에 비해 결과가 좋지 않아 화학공학과에 지원하는데 미흡한 부분이 있는 경우, 학생의 동아리 활동이나 교내 화학경시대회의 수상경력 등을 통해 이 분야와 관련된 우수한 연관성을 보여줄 수 있다면 학생부종합전형에서는 충분이 만회할 수 있는 기회가 될 수 있다.

그리고 우수한 교과 성적을 갖추고 있는 학생이라면 관련된 수상경력을 통해 교과 성적의 우수성을 보다 더 극대화할 수 있는 기회가 될 것이다.

2) 자격증 및 인증 취득상황

'고등학교 선진화를 위한 입학제도 개선 및 체제 개편 방안'의 발표에 따라 초·중학교는 2010학년도 이후부터 취득한 자격증 및 교내·외 인증 활동이 학생부의 어떠한 항목에도 입력이 불가하다. 하지만 고등학교의 경우 재학 중 취득한 국가기술자격법에 의한 국가기술자격증, 개별 법령에 의한 국가자격증, 자격기본법에 의한 국가공인을 받은 민간자격증 중 기술 관련 자격증에 한해 입력이 가능하다.

[학교생활기록부에 기록 가능한 외부자격증]

소관부처	자격종목	자격관리자
금융위원회	신용관리사	(사)신용정보협회
	신용위험분석사	(사)한국금융연수원
	신용분석사	
	여신심사역	
	자산관리자	
	재경관리사	삼일회계법인
	회계관리	
기획재정부	국제금융역	(사)한국금융연수원
	회환전문역	
	TESAT	한국경제신문사
	매경TEST	매일경제신문사
	원가분석사	(사)한국원가관리협회
미래창조과학부	e-Test Professionals	(사)한국창의인성교육연구원
	PC활용능력평가시험	(주)피씨티
	인터넷정보관리사	(사)한국정보통신진흥협회
	리눅스마스터	
	디지털정보활용능력	
	네트워크관리사	(사)한국정보통신자격협회
	PC정비사	
	정보기술자격시험	한국생산성본부
	PC마스터	(사)한국정보평가협회
	데이터아키텍처 전문가	(재)한국데이터베이스진흥원
	SQL자격증	
	정보보호전문가 2급	(사)한국인터넷진흥원
	ERP물류정보관리사	한국생산성본부
	ERP생산정보관리사	
	ERP인사정보관리사	
	ERP회계정보관리사	
	정보기술프로젝트관리전문가	대한정보통신기술
	RFID기술자격검정	(사)한국사물인터넷협회
교육부	브레인트레이너	국제뇌교육종합대학원대학교

소관부처	자격종목	자격관리자
법무부	디지털포렌식전문가	한국인터넷진흥원
행정자치부	옥외광고사	한국옥외광고협회
	행정관리사	(사)한국행정관리협회
	정보시스템감리사	(사)한국정보화진흥원
문화체육관광부	실천예절지도사	(사)범국민예절생활실천운동
	종이접기마스터	(사)한국종이접기협회
	한국실용글쓰기검정	(사)한국국어능력평가협회
	국어능력인증시험	(재)한국언어문화연구원
	KBS한국어능력시험	KBS한국방송공사
산업통상자원부	샵마스터	(사)한국직업연구진흥원
	지역난방설비관리사	(사)한국에너지기술인협회
	CS Leader관리사	(사)한국정보평가협회
	GTQ	한국생산성본부
	빌딩경영관리사	(재)한국산업교육원
	시스템에어컨설계시공관리사	(사)한국에이치백산업협회
보건복지부	점역교정사	(사)한국시각장애인연합회
	병원행정사	(사)대한병원행정관리사협회
	수화통역사	(사)한국농아인협회
고용노동부	컴퓨터운용사	대한상공회의소
	가구설계제도사	
	문서실무사	(사)한국정보관리협회
	전산세무회계	한국세무사회
국토교통부	자동차진단평가사	(사)한국자동차진단보증협회
경찰청	열쇠관리사	(사)한국열쇠협회
	도로교통사고감정사	도로교통공단
산림청	수목보호기술자격	(사)한국수목보호협회
	분재관리사	(사)한국분재조합
	조경수조성관리사	(사)한국조경수협회

3) 진로 희망 사항 관리 방법

학생부종합전형이 확대되면서 학생의 진로 희망은 학생의 목표 설정을 확인하고 목표를 이루기 위해 꾸준히 실천하고 활동했는가를 평가하는 중요한 항목으로 떠오르고 있다. 그리고 희망 사유까지 기록해야 하기 때문에 1학년 때부터 진로 희망을 보다 진지하게 고민하고 구체적으로 기록할 수 있어야 한다.

▮ 학년이 올라갈수록 구체화·전문화시키는 것이 유리하다.

진로 희망 사항은 1학년부터 3학년까지 일관된 진로 희망을 가지면 좋다. 예를 들어, 교사가 되고자 하는 학생은 의 경우 1학년에는 단순히 교사로 기록하고 학년이 올라갈수록 수학교사, 초등학교교사, 과학교사 등 구체화·전문화시키고 지원 학과와 연관시키는 것이 유리하다.

▮ 진로 희망과 특기 및 흥미, 희망 사유도 일관성이 있어야 좋다.

진로 희망을 갖게 된 희망 사유도 보다 구체적으로 작성하는 것이 좋고, 특기 및 흥미도 전략적이지 않게 진로 희망과 관련이 없는 것을 기록하는 것이 일반적이다. 하지만 진로 희망을 위해 노력의 구체적인 실천 과정이 보이는 특기 및 흥미를 기록하고 그러한 활동을 통해 진로를 명확하게 정하는 계기를 희망 사유로 기록한다면 학생부종합전형에서 좋은 평가를 얻을 수 있다.

✎ 진로 희망이 바뀌었다면 바뀐 경위와 새로운 진로를 위해 어떤 노력을 했는지를 기록하자.

학년에 따라 진로 희망이 바뀐 학생도 흔히 볼 수 있다. 학생부종합전형에서 일관된 진로 희망이 유리하다고 해서 바뀐 진로 희망 때문에 학생부종합전형에 불리한 것만은 아니다. 이러한 학생의 경우 바뀌게 된 이유를 명확하게 설명할 수 있고, 새로운 진로 목표를 달성하기 위해 어떤 노력을 했는지를 기록하는 것이 좋다.

예를 들어, 회계 관련 업무를 목표로 하던 학생이 봉사활동을 계기로 사회복지학과로 진로를 변경하여 합격한 경우도 있다. 이 학생의 경우 지속적인 봉사활동을 통해 사회적 약자에게 도움을 주는 것이 얼마나 중요하고 성취감이 크다는 것을 느껴 학문적으로도 공부하여 전문적으로 활동하고 싶어 진로를 변경한 사유가 기록되어 그 진정성을 입학사정관이 높이 평가한 것이라 볼 수 있다.

[진로 희망의 좋은 사례]

구분	특기 및 흥미	진로희망		희망사유
		학생	학부모	
좋은 예	과학관련 서적 읽기	과학교사	교사	○○○교육청에서 실시하는 '찾아가는 과학체험교실' 활동을 다녀온 후 과학에 대한 자신의 흥미를 확인하고 자신이 알고 있는 것에 대해 가르치는 즐거움을 깨달아 과학교사에 대한 꿈을 갖게 됨.
나쁜 예	애완견 돌보기, 독서	소프트웨어공학자	약사	부모님은 안정적인 직업을 선호하나, 마크 저커버그, 빌 게이츠, 드류 하우스턴 같은 창의적 아이디어를 살린 소프트웨어로 성공한 사람들을 보며 자신도 혁신적인 아이디어로 세상에 변화를 가져오는 소프트웨어 엔지니어가 되겠다는 생각을 하게 되었다고 함.

위 사례의 경우 좋은 예는 구체적인 프로그램명이 나옴으로써 비교적 계기가 분명할 뿐만 아니라 교육청에서 실시하는 과학교실을 방문했다는 점까지 어필함으로써 종합전형의 주요 평가요소인 '발전 가능성'측면에 좀 더 가산점을 받을 수 있어 더 좋다고 할 수 있다.

반면, 나쁜 예는 인물들의 창의적 아이디어 예시나 인물들과 관련된 독서활동 등의 활동을 기록하여 계기의 구체성이 드러나야 하는데 계기의 구체성이 부족하고, 특기 및 흥미도 소프트웨어 공학자와 연관성이 적은 애완견 돌보기를 기록해 구체적인 실천 과정을 보여줄 수 없으므로 좋은 평가를 얻기가 어렵다.

4) 창의적 체험활동 상황 관리 방법

창의적 체험활동 상황은 자율활동, 동아리 활동, 봉사활동, 진로활동으로 구성되어 있으며, 활동의 영역별 이수 기간 및 활동 내용을 기록한다. 학생부종합전형에서는 창의적 체험활동 상황을 통해서 학생의 잠재적인 능력과 리더십, 전공 적합성, 인성 및 사회성 등을 다양하게 평가하게 된다.

따라서 창의적 체험활동 상황은 어떤 활동을 했는지도 중요하지만 이러한 활동을 통해서 학생이 배우고 느낀 점이 무엇이며, 학생에게 어떤 영향을 주었는지와 활동을 통해 이뤄낸 성과를 구체적으로 기록하는 것이 중요하다.

창의적 체험활동 상황은 학교교육계획에 의해 학교가 주최·주관하여 실시한 체험활동, 학교장이 승인한 교육 관련 기관(교육부 및 직속 기관, 시도교육청 및 직속 기관, 교육지원청 및 소속 기관)에서 실시한 활동 그리고 교외 기관이라고 하더라도 학교장이 승인하고 동일 학교급의 타 학교에서 주최·주관하거나 국내에서 실시한 체험활동만을 기록할 수 있다. 예를 들어 대학에서 실시하는 개별 및 그룹 단위 체험활동이나 특정 과정을 이수하여 대학에서 해당 고등학교에 이를 인정하는 공문을 보냈더라도 학생부에 기재할 수 없고, A고등학교 학생이 B고등학교에서 주최·주관한 체험활동에 참가한 경우는 입력할 수 있다.

영역	특기사항	
	항목	세부 내용
자율활동	적응활동	입학, 진급, 전학, 기본생활습관 형성, 축하, 친목, 사제동행, 학습·건강·성격·교우 등의 상담활동 등
	자치활동	학급회, 학생회 협의활동, 모의 의회, 토론회, 자치법정 등
	행사활동	시업식, 입학식, 졸업식, 전시회, 발표회, 학예회, 경연대회, 학생건강체력평가, 체육대회, 수련활동, 현장학습, 수학여행, 문화답사, 국토순례 등
	창의적 특색활동	학생 · 학급 · 학년 · 학교 · 지역특색활동, 학교전통수립 · 계승활동 등
동아리활동	학술활동	외국어회화, 과학탐구, 사회조사, 컴퓨터, 인터넷, 신문활용, 발명, 다문화탐구 등
	문화예술활동	문예, 창작, 회화, 조각, 서예, 전통예술, 성악, 기악, 뮤지컬, 오페라, 연극, 영화, 방송 등
	스포츠활동	구기, 육상, 수영, 체조, 배드민턴, 인라인스케이트, 하이킹, 야영, 민속놀이, 씨름, 태권도, 택견, 무술 등
	실습노작활동	요리, 수예, 꽃꽂이, 조경, 사육, 재배, 설계, 목공, 로봇제작 등
	청소년 단체활동	스카우트연맹, 걸스카우트연맹, 청소년연맹, 청소년적십자, 우주소년단, 해양소년단 등

영역	특기사항	
	항목	세부 내용
	학교스포츠클럽활동	정규교육과정 내에서 이루어지는 '학교스포츠클럽활동'과 정규교육과정 이외의 학교스포츠클럽활동(방과 후 학교스포츠클럽 등)
	또래조력활동	또래 상담, 또래 중재(조정, 중조)
봉사 활동	교내봉사활동	학습부진 친구, 장애인, 병약자, 다문화가정 학생 돕기 등
	지역사회봉사활동	복지시설, 공공시설, 병원, 농어촌 등에서의 일손 돕기, 불우이웃돕기, 보육원, 양로원, 군부대에서의 위문 활동, 재해 구호, 국제 협력과 난민 구호 등
	자연환경보호활동	깨끗한 환경 만들기, 자연 보호, 식목 활동, 저탄소 생활 습관화, 공공시설물, 문화재 보호 등
	캠페인활동	공공질서, 교통안전, 학교 주변 정화, 환경 보전, 헌혈, 각종 편견 극복 등
진로 활동	자기이해활동	자기 이해 및 심성 계발, 자기 정체성 탐구, 가치관 확립활동, 각종 진로 검사 등
	진로정보탐색활동	학업 정보 탐색, 입시 정보 탐색, 학교 정보 탐색, 학교 방문, 직업 정보 탐색, 자격 및 면허 제도 탐색, 직장 방문, 직업 훈련, 취업 등
	진로계획활동	학업 및 직업에 대한 진로 설계, 진로 지도 및 상담 활동 등
	진로체험활동	학업 및 직업 세계의 이해, 직업 체험활동 등

그럼 각 활동 영역의 세부 관리 방법을 살펴보자.

[자율활동]

자율활동은 학생의 자발적이고 자율적인 참여도와 활동 실적 등을 주로 기재하는 활동으로 학생 개인이 만들 수 있는 프로그램보다는 학교에서 주최·주관하는 프로그램과 학교활동 위주로 이루어질 수밖에 없다. 자율활동의 특기 사항은 활동 결과에 대한 평가보다는 활동 과정에서 드러나는 개별적인 참여도, 공동체 의식, 활동실적(리더십 등) 등을 평가하게 된다. 예를 들어 학생회 활동 또는 학급 반장 등 임원활동을 했을 경우 리더십이나 학교생활의 적극성을 평가받을 수 있다.

📍 활동에서 어떤 역할을 했는지가 중요하다.

자율활동에서는 단순히 어떤 활동을 했는지에 그치지 말고 학생이 어떤 역할을 수행했고, 그 활동으로 인해 학생 개인의 성장과 함께 집단 차체의 변화 등 어떤 결과를 얻었는지 등을 구체적으로 기록하는 것이 좋다.

[자율 활동 사례]

구분	특기 사항
자율 활동 사례	학급 반장(2015.03.01.~2016.02.29)으로 활동하면서 희생과 봉사로 서번트형 리더십을 실천함. 청소 시간에 먼저 일어나 청소를 하고, 쓰레기 버리기나 재활용품 수거 같은 궂은일을 도맡아 함. 특히 다른 학생들이 꺼리는 꺼리하는 음수대나 특별실 청소를 자원해서 함으로써 신뢰받는 리더가 될 로서의 자질을 보여줌. 미래 사회가 요구하는 부드러운 카리스마를 가진 리더로서 역량을 충분히 가지고 있어 글로벌 시대의 능력 있고, 헌신하는 리더가 될 것으로 판단됨. 책 읽기(2015.04.04~2015.08.31) 프로그램에 참여하여 선생님들이 추천하는 8권의 윤독 도서를 매월 2편씩 읽고 독서록을 제출하면서 관심 분야인 사회 관련 서적뿐만 아니라 다양한 분야의 서적을 고루 보는 안목을 키우는 계기를 가졌으며, 국어 수업시간을 이용하여 글에 대한 발표와 토론을 통해 자신의 생각을 정리하는 시간을 가짐. 전교생을 대상으로 아침 방송시간에 다양하고 가치 있는 이야기를 나누어 OOTED에 참여하여(2015.04.02) 나눔과 지식 공유의 모범을 보여주었음. '멘탈 관리'라는 주제로 정신력을 바탕으로 얼마나 큰 업적을 남길 수 있었는지에 대해 훌륭히 강의하였음. 학교폭력예방 다짐결의대회(2015.04.0.)에서 예방 방안에 대해 학급대표로 발표하였으며, 흡연예방교육(2015.06.14) 동영상을 시청한 후 교내에서 실시한 흡연예방 캠페인에 직접 참여하여 학생들에게 적극적으로 홍보함.

위 사례의 경우 학급 반장이라는 임원활동을 하면서 수행했던 역할이 구체적으로 나타나 있고 적극성과 리더로서의 희생과 배려가 잘 나타나 있어 좋은 평가를 얻을 수 있다. 그리고 학교에서 운영하는 여러 프로그램을 잘 따라가면서 독서로 키워진 안목을 국어 수업시간에 확장시켜 활용하는 적극성이 보이며, 자신의 의견을 잘 정리하여 발표하는 능력이 있다는 것도 잘 보여주었다.

[동아리 활동]

동아리 활동은 공통 관심사를 지닌 학생들이 자신의 능력을 창의적으로 표출해내는 집단 활동이다. 동아리 활동 영역은 자기 평가, 학생 상호 평가, 교사 관찰, 포트폴리오 등의 방법으로 평가하여 참여도, 협력도, 열성도, 특별한 활동 실적 등을 평가한다.

정규교육과정으로 편성되지는 않았지만, 학교교육계획에 의해 이루어지는 학생들의 자율동아리 활동과 학교교육계획 이외의 청소년 단체활동으로, 학교장이 사전에 승인하여 참가한 활동은 동아리 활동 이수시간에는 포함되지 않아도 활동내용과 활동특기사항을 기록할 수 있다.

[동아리 활동 유형과 기재 예시]

활동	기재 예시
정규교육과정 내 동아리 활동	(영어회화반)(34시간) 영어에 관심이 많고 ~
자유학기 동아리 활동(중학교만 해당)	(방송반 : 자유학기)(17시간) 방송국 프로듀서가 되기를 꿈꾸고 있으며 ~
학교교육계획에 의한 자율동아리 활동	(로봇반 : 자율동아리) 로봇공학 관련 기본 개념 ~
학교교육계획 이외의 청소년 단체활동	(○○단 : 청소년단체) ○○단의 일원으로서 주말, 방학기간을 활용하여 ~
정규교육과정 내 학교스포츠클럽활동(중학교만 해당)	(발야구반 : 학교스포츠클럽)(34시간) 팀의 분위기 메이커이자 에이스로 ~
정규교육과정 이외의 학교스포츠클럽활동	(축구발리킥클럽 : 방과 후 학교스포츠클럽)(68시간) 클럽의 주장으로, 공격과 ~

▌ 진로 목표와 관련된 활동이 더 유리하다.

동아리 활동뿐만 아니라 학교 내의 모든 활동에 해당되는 말이지만 동아리 활동은 진로 목표와 연관된 활동을 하는 것이 유리하다. 단지 유리하다는 것이지 진로 목표와 무관한 동아리 활동을 하면 감점이나 불리하게 평가된다는 의미는 아니다. 예를 들어 기계공학과를 지원하여 기계 관련 엔지니어가 되고자 하는 학생이라면 물리 실험 동아리 활동을 하는 것이 유리하고, 교사가 희망인 학생이라면 간접적으로 교사 체험을 할 수 있는 동아리나 교육봉사 동아리 활동을 하면 유리하다.

▌ 교과 수업과의 연계를 활용하면 유리하다.

수업시간에 배운 내용에 대해 보다 전문적이고 구체적으로 확장시켜 학습하는 방법으로 동아리 활동을 활용하는 것도 좋은 평가를 받는 방법 중 하나이다. 예를 들어 화학 시간에 배운 내용에 대해 화학실험동아리 활동에서 직접 실험을 하고 보고서를 작성하는 활동을 하거나 문학시간에 배운 소설의 작가에 대해 보다 깊이 있게 공부하고자 교과서에 나와 있는 소설 이외의 작품을 읽고 토론하는 활동을 통해 교과 수업과 연계시키면 유리하다.

📍 반드시 기록으로 남겨라: 양식을 만들고 서기 역할을 정해라.

동아리 활동은 1학년부터 3학년까지 많은 활동을 하게 되는데, 시간이 지날수록 기억에 의존하기는 어려워진다. 따라서 기록양식을 만들어 동아리 구성원 중 서기를 따로 정하거나 돌아가면서 양식에 활동한 주제, 과정, 결과 등을 기록해 두면 후에 자기소개서를 작성하거나 면접에 대비할 때 유용하게 활용할 수 있다.

[동아리 활동 사례]

구분	특기 사항
동아리 활동 사례	(과학실험동아리)물리 교과서 내용 가운데 잔향에 관한 탐구활동을 하면서 자동차 엔진의 소음이 성능에 중요한 부분을 차지하고 있다는 사실을 알게 됨. 물리 1 교과서 내용의 개념을 정리해 보고 부원들과 토론활동을 진지하게 함

위 사례의 경우 교내에서 이루어진 활동이 교과와 서로 연결되어 있고, 활동한 내용이 구체적으로 나타나 있으며, 학생이 주도적으로 참여

하여 충분히 의미 있는 학업 능력을 보여 주고 있다. 단, 학생 개인에 대한 내용이 좀 더 구체적이었으면 하는 아쉬움은 있다.

[봉사활동]

봉사활동은 학생부종합전형 시행 초기에 봉사활동 시간의 양으로 실적을 평가했던 측면이 있었기 때문에 지금도 봉사활동 시간이 긴 것이 좋은 평가를 받을 수 있을 것이라고 생각하는 경우가 있다. 하지만 이는 명백한 오해다. 즉, 봉사활동 시간이 중요하기보다는 자신의 적성과 재능을 연계해서 정기적으로 꾸준히 수행한 봉사활동의 내용이 더 중요하고 봉사활동을 통해 학생이 많은 것을 경험하고 느끼며 타인에게 실질적인 도움을 주었는지가 더 중요하다고 할 수 있다.

학생부종합전형에서는 봉사활동을 통해 학생의 사회성, 집단성, 리더십 역량 등을 다양하게 평가하고자 한다.

✏ 정기적으로 꾸준히 수행한 봉사활동이 유리하다.

여러 기관을 돌아다니며 봉사활동을 하기보다 한 기관에서 정기적인 봉사활동을 일관되게 꾸준히 하는 것이 유리하다. 그리고 다년간의 활동과정을 통해 학생이 배우고 느낀 점 등의 성과를 기록할 필요가 있다.

✏ 전공 관련성을 고려하면 유리하다.

반드시 전공과 관련된 봉사활동을 해야 한다는 것이 아니라 학생이 지원하고자 하는 학과와 관련된 봉사활동을 할 수 있다면 그것이 유리하다는 것이다. 하지만 지원하고자 하는 학과와 관련된 기관이라 하더라도 단순히 청소만 한다면 그 봉사활동은 그리 특별한 봉사활동이 아니다. 예를 들어 초등교육학과를 지원하여 초등교사가 되고자 하는 학생이 지역아동센터에서 봉사를 하는 경우 전공 관련성이 높아 보이나 단순히 청소만 한다면 좋은 평가를 받을 수 없다. 실제로 지역아동센터에서 아이들의 학습 도우미 역할을 하면서 보다 더 아이들에게 이해를 높이기 위해 그림이나 영상 등을 활용하려고 노력하고, 아이들과 대화를 하면서 이해하려는 경험을 한다면 의미 있는 봉사활동이 될 수 있다. 이를 자기소개서에서 보다 구체적으로 보여준다면 자신의 관심 분야와 봉사활동을 연계한 좋은 예라고 할 수 있다.

[봉사활동 사례]

구분	특기 사항
봉사 활동 사례	사회복지사가 되기를 희망하고 있으며, ○○○에서 주관하는 독거노인 도시락 배달에 참여(25회)하고, 월 1회 정기적으로 '○○○'을 방문하여 실내청소 및 배식, 설거지 등의 봉사활동에 꾸준히 참여하는 등 이웃에 관심을 가지고 도와주려는 마음을 가지고 있는 학생임. 부모님과 함께 태풍 피해 지역을 방문하여 수재민 집 청소, 가전제품 닦기, 빨래 돕기 등의 활동을 하면서 진정한 봉사와 나눔을 실천함

위 사례의 경우 진로 희망과 관련된 봉사활동을 정기적으로 일관되게 활동하고 봉사활동을 통해 배우고 느낀 점까지 잘 보여준 사례라고 할 수 있다. 이러한 점을 자기소개서에서 보다 구체적으로 진정성 있게 보여준다면 좋은 평가를 받을 수 있다.

[진로활동]

진로활동은 자기 이해활동, 진로정보 탐색활동, 진로계획활동, 진로체험활동 등으로 나뉜다. 진로활동을 기록할 때에는 소질과 적성에 맞춰 고민한 흔적이 담길 수 있도록 진로체험 등 진로활동을 마칠 때마다 경험한 내용, 앞으로 준비할 내용 등을 보고서로 작성하여 활동사진과 함께 정리하면 효과적이다.

학생부종합전형에서 입학사정관들은 진로활동 프로그램을 통해 학교에서 학생들에게 어떠한 도움을 주고 있는지를 알 수 있고, 학생들의 적성이나 진로에 대한 관심 정도를 평가하게 된다.

■ 지속적으로 활동하자.

학생의 소질과 적성을 찾는 활동 역시 지속적으로 하는 것이 유리하다. 활동하는 동안 관련된 선생님께 도움도 요청하고 담임선생님과 진로선생님께 지금의 활동내용을 계속 말씀드리고 상의하는 것이 좋다.

■ 고등학교와 동급기관(교육청, 타 고등학교 주최하는 전국단위 대회) 활동에 적극적으로 참여하자.

학생의 진로와 관련된 활동은 교내활동이나 주변 고등학교에서 주최한 활동이라도 적극적으로 참여하여 수상을 하지 못하더라도 학교에서 내가 이 전공에 열의가 많다는 것을 알리는 효과를 얻을 수 있다. 자신에게 흥미롭다면 적극적으로 참여하여 자신만의 의미 있는 느낀 점을 작성할 수 있도록 노력하는 것이 중요하다.

5) 교과학습발달상황(세부능력 및 특기사항) 관리 방법

학생부종합전형이 확대되면서 학생들의 학업 역량과 지적인 잠재력, 발전 가능성 등을 판단할 때 교과학습발달상황(세부능력 및 특기사항)의 중요성이 점점 커지고 있다.

교과학습발달상황의 중요성이 커지면서 세부능력 및 특기사항에 대한 내용을 강조하고 있다. 세부능력 및 특기사항은 모든 학생의 모든 과목을 전부 기록하지는 않는다. 따라서 많은 교과의 학습 내용이 기재되어 있다면 입학사정관이 학습 참여도가 높고 학습 내용을 보다 발전시키기 위해 꾸준히 노력하는 학생이라고 평가할 수 있다.

학생부종합전형을 준비하는 학생이라면 관련 교과 선생님의 수업을 성실하게 듣고, 직접 찾아가 질문하면서 선생님께 깊은 인상을 남기거나 열심히 공부하여 성적을 향상시킨 뒤 기재를 요청하는 것이 좋다.

▌ 지원학과와 관련된 과목에 집중하자.

학생부종합전형에서 교과 성적을 점수화하여 반영하지는 않지만, 일반적으로 계열별 주요 교과목을 정성적으로 평가하여 반영한다. 그러나 학생의 지원 학과나 진로 희망에 따라 일부 교과목을 더욱 중요하게 반영하기도 한다. 따라서 지원학과와 관련된 과목에 특별한 기재 사항이 있는 것은 좋은 평가를 받을 수 있다.

성적의 향상 정도가 중요하다.

학생의 종합적인 내신 결과보다는 성적의 향상 정도인 성적 추이를 중점적으로 평가한다. 학생이 과목별로 1학년 성적이 다소 낮더라도 2학년과 3학년으로 올라갈수록 성적이 향상된다면 입학사정관은 학습 태도가 우수하고 잠재적인 능력 또한 우수하다고 평가할 수 있다.

관심 분야를 발전시키기 위한 꾸준한 노력이 나타나야 한다.

학생들이 교과수업에 능동적으로 참여하고 관심 분야를 발전시키기 위해 동아리 활동, 독서활동, 방과 후 학교 등에서 교과 관련 내용을 적극적으로 확장시켜 학습한다면 그 과정 속에서 학업소양, 태도, 적극성, 탐구능력, 협력수업의 의미 있는 노력 등을 적극적으로 어필할 수 있게 되어 입학사정관에게서 좋은 평가를 받을 수 있다.

[세부능력 및 특기사항 사례]

구분	세부능력 및 특기사항
세부 능력 및 특기 사항 사례	"학습에 대한 동기가 매우 강하고 학습 태도가 바른 학생으로, 토론수업을 할 때 토론 주제와 토의 안건을 세우기 위해 책을 읽은 뒤 예상 질문을 작성하고 저자와 인터뷰를 통해 의미 있는 안건을 발췌하는 등 적극적으로 토론 수업에 참여하고 최종보고서를 작성하여 훌륭하게 발표함."
	"수업시간에 잘 듣고 적극적으로 발표해서, 가르치는 것이 즐거운 학생이다. 주어진 과제를 자기 나름대로 끈기있게 도전하여 해결하였다. 수업에 가장 열심히 참여한 학생이다. 한 학기 수업 후 영어문학 작품을 다루고 토의하고, 에세이를 쓰고 발표할 수 있는 능력을 갖추게 되었다."
	"소그룹 토의에서 협력수업을 통해 사전에 학생들의 질문을 받아 토의 준비를 잘하는 준비성을 보여 주었고, 때로는 비판적 사고와 차분한 답변으로 토의를 잘 마무리하는 성숙함을 보여주었다."

위 사례의 경우 학생 중심의 수업을 통해 수업 시간에 흥미를 갖고 성실하고 적극적으로 참여하고, 독서, 탐구, 모둠활동, 토론 활동을 통해 수업시간에 배운 교과 내용을 보다 더 발전시키기 위해 노력하는 모습이 보이면서 전반적으로 우수한 학습역량을 가지고 있는 학생임을 충분히 어필할 수 있게 된다.

[양식]교내활동 일지

명칭 / 주제	
참가 인원	
활동 기간	～
참가 동기	
활동 방법과 활동 과정	
내게 미친 영향 및 활동 소감	
관련교과의 단원	

6) 독서활동상황 관리 방법

학생부종합전형에서 독서활동은 학생의 지적 능력이나 호기심, 자기 주도적 학습 능력, 인성, 탐구능력을 평가하는 중요한 항목 중 하나로 자리 잡고 있다. 이러한 이유로 서울대학교에서는 수시 모집 자기소개서 양식에 고등학교 재학 기간 또는 최근 3년간 읽었던 책 중 자신에게 가장 큰 영향을 준 책을 3권 이내로 선정하고 그 이유에 관해 서술하도록 하고 있다.

입학사정관은 독서활동상황을 통해 그 학생의 관심 분야와 그 분야에 대한 실질적인 노력 정도를 평가하게 된다. 서울대학교처럼 독서활동을 강조하는 대학의 경우 책 내용의 요약이나 감상이 아니라 책을 읽게 된 동기와 독서활동에 따른 영향과 변화된 결과를 보고 싶어 한다. 따라서 독서량에 집중하기보다는 관심 분야의 책을 꾸준히 읽는 것이 좋다.

독서활동에 대해서는 이어지는 '5. 진로 준비와 사고력을 보여주는 독서 이력 관리' 부분에서 자세히 알아보도록 하자.

7) 행동특성 및 종합의견

행동특성 및 종합의견은 담임교사가 평상시에 학생의 행동특성을 관찰해 종합적으로 의견을 기재하는 항목으로 학생의 장점과 학업 능력, 학업 태도, 잠재력, 인성, 창의성, 자기주도학습능력, 예체능 활동 등을 구체적으로 입력하는 것이 유리하다.

학생의 장점은 구체적으로 기록할 필요가 있고 부득이하게 단점을 언급해야 할 때는 단점만을 기록하기보다는 이를 극복하려는 의지와 노력을 제시해 주면 더욱 유리하다.

[행동특성 및 종합의견 사례]

구분	행동특성 및 종합의견
행동 특성 및 종합 의견 사례	학생은 학업성취도가 아주 우수한 학생입니다. 하지만 혼자서 탐구 활동을 할 때 보다 협력학습을 할 때 자신의 능력을 더 발휘합니다. 2명이 조를 이루어 출전한 OO 과학탐구대회에서 전국대회에 출전하는 OO 대표로 선발되었고 OO 논술토론대회에서도 결승까지 진출하는 성과를 거두었습니다. 이러한 학업역량은 다양한 의견을 경청하는 겸손한 자세에서 비롯한 것이라고 판단합니다. 논술토론대회 준비과정에서 '인공위성의 발사를 제한해야 하는가'라는 주제를 파악할 때, 단순히 인터넷 기사에 의존하여 입론과 반론의 깊이가 부족하다는 물리과목 선생님의 충고를 들었습니다. 그 즉시 대회에서 제시한 모든 참고문헌을 구입하여 다 읽고 자신의 의견의 깊이를 더하는 동시에 대회 전날 새벽까지 발표 연습을 하였습니다. 또한, 탐구대회에서는 친구의 의견을 수용해 보고서 작성은 친구에게 부탁하고 자신은 신속 정확한 손재주를 활용해 실험 기구 세팅과 실험 조작을 주도하여 주어진 용질로 자신이 원하는 농도의 용액을 만든 후 미지의 용액의 밀도와 비교하는 실험을 성공시켰습니다. # 자료참조 : 학교생활기록부 정보의 재구조화(서울대학교 입학본부)

위 사례는 학생의 장점과 학업 능력, 학업 태도, 학업 외 소양이 잘 드러나도록 기록하고 있으며 학생 개인에 초점을 맞추어 기록하고 있어 학생부종합전형에서 좋은 평가를 받을 수 있다.

진로 준비와 사고력을 보여주는 독서 이력 관리

　학생부종합전형에서 독서활동은 무조건 많은 수의 책을 읽는 것이 아니라 독서활동을 통해 어떻게 심화활동까지 연계시키는지와 자기주도적인 독서활동이었는지도 중요하다.

　무조건 자신이 목표한 학과와 관련된 전공도서만이 아니라 사고의 폭을 넓힐 수 있는 다양한 면에서의 독서활동도 중요한데 그렇다고 이것저것 목표 없이 읽는 독서량만이 중요한 것은 아니기 때문에 독서활동도 체계적으로 관리해야 한다.

　입학사정관이 독서 역량을 평가하려는 이유는, 자신의 진로와 관련된 책을 찾아 읽다 보면 진로에 대한 확실한 신념이 생기게 되어 전공 적합성을 파악할 수 있게 되고, 학생들이 독서에 집중하게 되면 독서활동이 학생의 학업 역량을 보여주는 주요 지표로 활용되기 때문이다.

그리고 학생부종합전형 선발 인원이 계속해서 늘어나면서 대학은 학생들의 학업 능력과 지적 호기심 등을 독서 경력으로 평가하고자 한다. 학생들은 책을 읽게 된 계기와 책에 대한 평가, 그 책이 나에게 준 영향 등을 고려해 독서활동을 하면 좋다.

1) 독서 이력 관리 방법

학생부종합전형에서 독서활동을 통해 전공 적합성과 자기주도적 학습 능력, 학업 역량 등을 평가받을 수 있기 때문에 독서활동은 다음과 같이 관리하는 것이 좋다.

📌 사고를 확장시키는 독서활동을 꾸준히 지속적으로 활동하자.

독서량에 얽매이기보다는 학생의 관심 분야를 중심으로 꾸준히 지속적으로 독서활동을 하는 것이 중요하다. 학년이 올라갈수록 관심 분야를 전문화시키고 도서의 난이도를 높여 이해의 폭과 깊이를 깊게 하여 사고를 확장시키고 학업 역량을 키우는 독서활동을 하는 것이 유리하다.

📌 폭넓은 독서활동으로 다양성도 갖출 필요가 있다.

관심 분야를 중심으로 독서활동을 하면서 특정 분야에 집중하는 것도 중요하지만, 고전이나 인문, 사회, 과학 등 여러 방면으로 폭넓게 독서활동을 하면서 사고의 폭을 넓히고 창의성과 다양성을 갖춘 학생으로 성장한다면 보다 좋은 평가를 받을 수 있다.

🖋 독서량보다 독서활동의 내용이 중요하다.

학생부에 독서활동기록이 얼마나 많이 기록되어 있는지가 중요한 것이 아니라 독서활동을 통해 지원자가 무엇을 배웠고 어떤 점을 느끼고 어떻게 성장했는지가 중요하며, 독서활동의 결과나 그로 인해 긍정적으로 영향을 미친 내용이 학생부나 자기소개서 등을 통해 확인할 수 있을 때 좋은 평가를 받을 수 있다.

일반적으로 한 학년 당 적당한 독서량은 20~25권 정도이며, 이는 생각보다 적은 양이 아니기 때문에 방학 동안에 집중하여 소화하기는 어려우므로 학기 초부터 계획을 세워 꾸준히 읽는 것이 중요하다.

🖋 자신의 수준에 맞는 독서활동을 하자.

다른 학생에 비해 많은 책을 읽었다고 기재되어 있거나 학생의 수준에 비해 지나치게 어려운 내용이 적혀 있으면 면접에서 이를 검증하는 질문을 받을 수 있다.

면접에서 대부분의 학생이 본인이 읽은 책의 내용에 대한 질문을 받을 경우 당황하거나 제대로 답변하지 못하는 경우가 많다. 따라서 본인이 관심을 가지고 읽은 책에 대해서 자신의 수준에 맞게 생각하고 정리하는 것이 필요하며, 그러한 내용을 학생부에 기록하는 것이 좋다.

✏ 다양한 활동과 연계된 독서활동을 하자.

학생부종합전형은 학생부에 기록된 내용을 항목별로 평가하는 것이 아니라 종합적으로 평가하기 때문에, 수업시간에 배웠던 교과목 내용과 관련된 도서를 선택하여 읽는 것은 학생의 자기주도적 독서능력과 지적 호기심, 탐구능력 등에서 좋은 평가를 받을 수 있다.

예를 들어 독서활동상황에서 인상 깊게 읽은 책을 통해 동아리 활동에서 팀 토론활동을 하고 학문집을 발표하거나 수업 중 수행평가나 자유 주제 발표로 활용한다면 금상첨화가 될 것이다.

✏ 독서활동 후 반드시 기록으로 남겨라.

독서활동 내용은 학생부종합전형에서 면접을 통해 검증하기 때문에 면접에 대비하기 위해서도 독서활동 후에는 반드시 기록으로 남겨 두는 것이 필요하다. 그리고 개별 학교에 따라서 독서활동 내용을 그때그때 제출하지 않고 한꺼번에 모아서 기록하는 경우도 있기 때문에라도 반드시 기록으로 남겨야 한다.

[양식]독서 일지

제목		작가 / 출판사	
독서 기간	~		
선정이유			
주제			
인상 깊은 구절			
줄거리			
내게 미친 영향			
관련교과의 단원			

2) 2016학년도 서울대학교 지원자가 가장 많이 읽은 책

[2016학년도 서울대학교 지원자들이 가장 많이 읽은 도서 베스트 20]

순위	인원	제목	순위	인원	제목
1	427	왜 세계의 절반은 굶주리는가?	11	159	죽은 시인의 사회
2	327	이기적 유전자	12	150	이중나선
3	253	정의란 무엇인가	13	144	변신
4	213	데미안	14	142	침묵의 봄
5	204	엔트로피	15	141	돈으로 살 수 없는 것들
6	200	멋진 신세계	16	140	오래된 미래
7	197	미움받을 용기	17	134	총, 균, 쇠
8	191	연금술사	18	132	학문의 즐거움
9	179	페르마의 마지막 정리	19	130	수레바퀴 아래서
10	171	1984	20	123	멈추면 비로소 보이는 것들

[2016학년도 서울대학교 지원자들이 가장 많이 읽은 단과대학별 도서 베스트 20]

단과대학	1위	2위	3위
간호대학	간호사가 말하는 간호사	왜 세계의 절반은 굶주리는가?	사랑의 돌봄은 기적을 만든다
경영대학	경영학 콘서트	왜 세계의 절반은 굶주리는가?	1984
공과대학	엔트로피	공학이란 무엇인가	페르마의 마지막 정리
농·생명과학대학	왜 세계의 절반은 굶주리는가?	이기적 유전자	이중나선
미술대학	데미안	달과 6펜스	생각의 탄생
사범대학	에밀	죽은 시인의 사회	왜 세계의 절반은 굶주리는가?
사회과학대학	왜 세계의 절반은 굶주리는가?	정의란 무엇인가	돈으로 살 수 없는 것들
생활과학대학	트렌드 코리아	왜 세계의 절반은 굶주리는가?	돈으로 살 수 없는 것들
수의과대학	수의사가 말하는 수의사	이기적 유전자	동물원에서 프렌치 키스하기
음악대학	아프니까 청춘이다	나는 내일을 기다리지 않는다	바보처럼 공부하고 천재처럼 꿈꿔라
의과대학	닥터스 씽킹	이기적 유전자	명의
인문대학	데미안	역사란 무엇인가	1984
자연과학대학	이기적 유전자	페르마의 마지막 정리	코스모스
자유전공학부	왜 세계의 절반은 굶주리는가?	데미안	정의란 무엇인가
치의학대학원	치과의사가 말하는 치과의사	닥터스 씽킹	왜 세계의 절반은 굶주리는가?

[2014학년도 ~ 2016학년도 서울대학교 지원자들이 가장 많이 읽은 도서 베스트 10]

순위	인문	자연	예체	자유전공
1	왜 세계의 절반은 굶주리는가?	이기적 유전자	연금술사	왜 세계의 절반은 굶주리는가?
2	정의란 무엇인가	왜 세계의 절반은 굶주리는가?	멈추면 비로소 보이는 것들	데미안
3	데미안	엔트로피	데미안	정의란 무엇인가
4	1984	페르마의 마지막 정리	아프니까 청춘이다	1984
5	돈으로 살 수 없는 것들	이중나선	꿈꾸는 다락방	이기적 유전자
6	죽은 시인의 사회	멋진 신세계	달과 6펜스	돈으로 살 수 없는 것들
7	수레바퀴 아래서	침묵의 봄	미움받을 용기	앵무새 죽이기
8	오래된 미래	화학에서 인생을 배우다	모리와 함께한 화요일	장하석의 과학, 철학을 만나다
9	나쁜 사마리아인들	공학이란 무엇인가	모모	총, 균, 쇠
10	에밀	화학으로 이루어진 세상	나는 내일을 기다리지 않는다	엔트로피

[2016학년도 서울대학교 지원자들이 가장 많이 읽은 도서 계열별 베스트 10]

순위	2014학년도	2015학년도	2016학년도
1	왜 세계의 절반은 굶주리는가?	왜 세계의 절반은 굶주리는가?	왜 세계의 절반은 굶주리는가?
2	아프니까 청춘이다	이기적 유전자	이기적 유전자
3	이기적 유전자	정의란 무엇인가	정의란 무엇인가
4	정의란 무엇인가	연금술사	데미안
5	연금술사	아프니까 청춘이다	엔트로피
6	페르마의 마지막 정리	멋진 신세계	멋진 신세계
7	멈추면 비로소 보이는 것들	엔트로피	미움받을 용기
8	꿈꾸는 다락방	죽은 시인의 사회	연금술사
9	멋진 신세계	데미안	페르마의 마지막 정리
10	오래된 미래	돈으로 살 수 없는 것들	1984

Part 4

학생부종합전형의
핵심
자기소개서 작성법

01

동기부터 과정, 변화까지 스토리가 있는 매력적인 자기소개서 쓰는 방법

학교생활기록부와 함께 자기소개서, 추천서는 학생부종합전형에서 지원자를 평가하는 핵심자료이다. 체계적으로 잘 관리되고, 세심하게 작성된 학교생활기록부가 가장 중요하지만, 학교생활기록부에 나타나지 않은 수험생의 다양한 면모를 파악하기 위한 것이 바로 '자기소개서'와 '추천서'라 할 수 있다.

입학사정관들은 원서접수 이후에 수험생이 제출한 입학서류를 읽으면서 지원자의 특성을 파악하게 된다.

※ 자기소개서의 의미와 평가 항목

자기소개서는 교사가 작성하는 학교생활기록부와 달리 지원자가 자유롭게 표현할 수 있는 유일한 평가자료이다. 그리고 교사의 시각에서 사실 중심으로 기록하는 학생부와 달리 자기소개서는 학생부에서 잘 드러나지 않는 지원자의 성장 과정과 역경극복, 지원동기 등을 서술할 수 있다. 또한 자신의 장래 목표와 전공과 관련한 자신의 장점 등을 표현해 입학사정관에게 자신의 우수성을 어필할 수 있다. 또한, 입학사정관 등 평가자는 자기소개서를 통해 지원자의 자기주도적 학습능력, 지원한 모집 단위에서의 전공 적합성, 개인적 자질과 적성, 가치관과 인성 등을 평가하게 된다.

※ 대학교육협의회에서 발표한 자기소개서 공통양식

기존의 4문항에서 3문항으로 축소되고, 대학들이 자율문항으로 4번 문항을 추가해 활용할 수 있다.

전체적으로 학생부 전형 취지에 맞게 고교 생활에서 학생의 학습경험, 비교과 활동, 인성 항목 등으로 간소화했다.

> 1. 고등학교 재학 기간 중 학업에 기울인 노력과 학습 경험에 대해 배우고 느낀 점을 중심으로 기술해 주시기 바랍니다. (1,000자 이내)
>
> 2. 고등학교 재학 기간 중 본인이 의미를 두고 노력했던 교내활동을 배우고 느낀 점을 중심으로 3개 이내로 기술해 주시기 바랍니다. 단, 교외 활동 중 학교장의 허락을 받고 참여한 활동을 포함됩니다. (1,500자 이내)
>
> 3. 학교생활 중 배려, 나눔, 협력, 갈등 관리 등을 실천한 사례를 들고, 그 과정을 통해 배우고 느낀 점을 기술해 주시기 바랍니다. (1,000자 이내)

1) 자기소개서에 나만의 스토리를 담아라

자기소개서를 평가하는 입학사정관 등은 다년간의 평가를 경험한 전문가들이라는 점을 감안해야 한다. 입학사정관들은 해마다 수백 명 이상의 학교생활기록부와 자기소개서를 평가하게 된다. 또한, 최근 대학들이 지방자치단체나 시도교육청, 일선 고교와 연계하거나 자체적으로도 모의전형을 운영하므로 실제로 평가하는 학생의 서류는 이보다 훨씬 많게 된다. 즉, 전국의 수많은 수험생이 작성했던 대입 자기소개서를 수없이 보기 때문에 평이한 자기소개서는 결코 좋은 평가를 받을 수 없다. 아무리 학교생활기록부의 교과 성적과 비교과 실적이 좋다고 해도 자기소개서에서 평범한 모습을 보여준다면 합격하기가 어렵다는 의미이다.

※ 학생부종합전형 자기소개서의 평이한 사례들

문항	평이한 사례들
1	'하면 된다.'라는 자신감으로 수업시간에 더욱 집중하며 시간 투자도 배도 늘리는 등 끈기 있게 노력한 결과, 모의고사에서도 ○○점을 얻게 되었습니다.
2	저는 밴드부에서 보컬로 활동하고 있습니다. 노래를 잘하지는 못하지만 제가 3년 동안 보컬로 활동한 이유는 반복적인 일상 속에서 음악이 주는 자유로움과 … 매료되었기 때문입니다. … 학술제 무대를 준비하는 과정에서 어떻게 하면 무대를 더 멋있게 꾸미고 노래를 잘 부를 수 있을까 하고 고민하면서 … 자유로움을 느꼈습니다.
3	기숙학교 … 모두 다른 환경에서 성장해서 … 저는 그들의 생활패턴에 맞추려고 노력했고, 손해를 끼치지 않으려고 노력했습니다. 또한, 항상 방을 깨끗이 쓰려고 노력했습니다. 그래서 룸메이트들과 다툼 없이 지내며 원만한 교우관계를 유지할 수 있었습니다.

출처: 중앙대 학생부전형 가이드북

많은 학생이 수시 모집에서 서류 제출에 대한 부담이 많아 자기소개서 작성을 어려워한다. 심지어 자기소개서가 자신의 자랑만 늘어놓기 위한 문서로 오해하기도 한다.

자기소개서란 자기가 그동안 어떻게 자라왔고, 대학과 학과를 왜 선택했는지, 앞으로 장래 계획은 무엇인지를 서술하는 글이다. 지원자의 과거와 현재, 미래가 유기적으로 조합돼 자신을 잘 드러낼 수 있는 글이어야 한다는 뜻이다.

따라서 성장과정이나 가치관, 적성·특기 등에 대한 서술을 통해 지원자가 이 대학과 학과에 꼭 필요한 인재라는 점을 뒷받침할 수 있어야 좋은 자기소개서다.

무엇보다 이를 작성하면서 자신의 길을 스스로 설계할 수 있어야 한다. 자기소개서를 쓰기에 앞서 자신의 역량을 냉정히 확인할 필요가 있다. 자신의 인생에 영향을 준 사건이나 자신의 장점 등을 가정환경, 장래 희망, 교내외 활동, 수상 실적, 희망 직업 등 다양한 항목으로 나눠 작성한다. 학교생활기록부 등을 참고하면 도움이 된다.

자기소개서에는 남과 다른, 즉 차별화된 나만의 스토리를 담아서 보여줘야 한다. 가장 기본적인 작성 요령은 자신의 눈높이에 맞는 글이 아니라 평가자의 눈높이에 맞게 글을 쓰는 것이다.

입학사정관들의 눈에 띄어야 합격할 수 있다!

입시 전형 기간에는 하루에도 수십 명 이상의 자기소개서를 평가하기 때문에 자신의 잠재력이 잘 드러날 수 있도록 포장하는 스토리텔링이 필요하다. 일반적으로 수험생과 학부모들이 생각하는 것처럼 대학에서는 서류평가에 많은 시간을 투자할 수가 없다. 제한적인 전형 기간 내에 수많은 지원자의 서류를 평가해야 하고, 입학사정관 인원수를 감안하면 현실적인 제약이 따를 수밖에 없다. 따라서 입학사정관들이 호기심을 갖고 집중할 수 있도록 자신만의 스토리가 필요하다.

교과 성적이나 비교과 실적이 부족해도 설득할 수 있다.

흔히 '로또' 혹은 '대박'이라고 부를 만큼 아주 우수한 교과 성적이나 비교과 실적이 없음에도 불구하고 명문대에 합격하는 학생들이 있다. 물론 경쟁률과 실질적 지원자의 수준 등 여러 요인이 있을 수 있지만, 실제로 학교생활기록부에 잘 나타나지 않는 자신만의 잠재력을 자기소개서에 한편의 스토리로 담아 합격하는 경우가 많다. 뛰어난 글솜씨보다 자신이 지금까지 노력해 온 과정과 발전 가능성을 보여준다면 충분히 합격할 수 있다.

합격권 수험생의 교과 성적이나 스펙은 큰 차이가 없다!

주요 명문대에 지원하는 학생 중 합격권 안에 들어가는 수험생들의 교과 성적이나 스펙은 사실 큰 차이가 없다. 특목고나 자사고의 경우에는 일반고에 비해 교과 성적이 다소 떨어질 수 있지만, 학교 특성을 감안해 평가하고, 비교과 실적이 뛰어난 경우가 많다. 지원자 간의 수준 차이가 그리 크지 않기 때문에, 대학 입장에서는 서류평가에서 변별력 있게 평가하는 경우가 많다. 따라서 자기소개서에 더 심혈을 기울여 자신의 잠재력을 입증해야 한다.

2) 나만의 스토리를 담은 학생들의 합격 사례

나만의 스토리는 사실 학생들도 중요성을 알고는 있지만, 자신만의 장점, 사례와 에피소드, 문장작성 능력이 부족해서 제대로 살리지 못하는 학생도 많다.

대다수의 수험생에게 자기소개서 초안을 작성하라고 하면 문항별로 주어진 분량조차 채우지 못하는 경우가 많다. 이는 평소 자신의 꿈에 대해서 제대로 생각하지 못하고, 막연히 명문대만을 희망하거나 단순히 좋은 성적만을 위해 공부하는 경우가 많기 때문이다.

학생부종합전형에서 합격하기 위해서는 무엇보다 구체적인 진로계획과 그 꿈을 이루기 위한 다양한 활동이 필요하다. 이러한 기반이 있어야만 비로소 스토리를 담은 자기소개서 작성이 가능하다. 따라서 합격한 학생들의 자기소개서 사례 등을 참고해 자신만의 스토리를 먼저 구상하고, 순차적으로 자기소개서를 작성하는 것이 효율적이다.

🖋 사회적 기업가를 희망해 경영학과에 합격한 지연이

지연이가 '사회적 기업가'라는 꿈을 갖게 된 계기는, 장애를 가진 사촌이 직업훈련 등을 충분히 받았음에도 불구하고 제대로 된 양질의 일자리를 갖지 못하는 것을 보고 나서였다. 처음에는 막연히 현실적인 어려움이 있을 것이라고 생각했지만, 봉사활동으로 다녀온 시민단체에서 장애인들을 고용해 카페를 성공적으로 운영하는 것을 보면서 사회적 기업에 관심을 갖게 되었다.

사회적 기업에 대한 자료를 조사하면서 성공에 대한 확신을 갖게 되었고, 교내에서 활동하는 경제동아리 토론주제로 사회적 기업을 다루면서 향후 자신이 생각하는 사회적 기업에 대한 발표를 준비했던 점을 자기소개서에 잘 녹여내어 마침내 합격하게 되었다. 막연하게 CEO라는 거창한 꿈을 서술하는 것이 아니라 자신의 직접적인 경험을 통해 지원동기와 향후 비전을 구체적으로 작성한 것이 합격의 포인트라 할 수 있다.

🖋 다문화가정 친구를 보고 교사라는 꿈을 갖게 된 혜민이

지방에서 초·중·고를 다닌 혜민이는 원래 중학교 시절에는 의사가 꿈이었다. 하지만 고교 입학 후에 다문화가정 친구와 친한 친구가 되면서 '교사'라는 꿈을 새롭게 가지게 되었다. 특히 친한 친구가 초등학교 때 경험했던 '왕따'와 '학교적응' 문제 그리고 공부하면서 어려웠던 점을 이해하면서 현재도 늘어나고 있는 다문화가정 학생들을 이해하고, 보살펴줄 수 있는 교사를 희망하게 되었다.

다문화가정 학생들과 '교사'라는 직업을 이해하기 위해 또래 멘토링 활동과 지역아동센터에서의 정기적인 봉사활동을 통해 자신의 꿈을 이루기 위한 노력도 게을리하지 않았다. 그리고 '초등학교 교사'와 '다문화가정'에 대해 더 깊이 있게 이해하기 위해 다양한 자료를 찾아보고 조사하면서 보다 구체적인 계획을 세울 수 있었다.

봉사활동을 통해 의사라는 자신의 꿈을 찾은 민재

중학교 때는 전교 1등을 도맡아 했지만, 사춘기가 오고, 자신의 꿈을 제대로 찾지 못하면서 다소 학업을 소홀히 했던 민재는 우연한 기회에 자신의 꿈을 찾을 수 있었다. 친구가 다니는 봉사활동을 같이 다니게 된 민재는 독거노인들의 어려운 삶을 직접 보면서 저소득층에게 가장 필요한 것이 의료 혜택이라는 것을 알게 되었다. 경제적 도움도 중요하겠지만, 독거노인들이 실제로 다양한 질환을 앓게 되고 제때 치료받지 못하는 경우가 많다는 것을 알게 되었다. 봉사활동을 통해 자신의 현재에 대한 감사함과 더불어 의사라는 꿈을 갖게 된 민재는 학업에 다시 전념할 수 있었고, 3학년 때까지 정기적으로 봉사활동을 지속하면서 꿈을 위해 노력을 게을리하지 않았다. 특히 지역에 있는 OO 천사병원에도 여러 번 찾아가 봉사활동을 하면서 실제로 자신의 꿈처럼 활동하는 의사들과의 만남과 조언을 받기도 했다.

02

자기소개서 작성 순서 및 글감 찾기

자기소개서는 자신이 지원하는 대학과 학과에 자신의 적성과 소질을 어필하는 글이다. 그래서 무엇보다 고등학교생활을 바탕으로 '자신'을 먼저 재발견해야 한다. 무턱대고 자기소개서를 쓰기에 앞서 기본적인 자신의 역량에 대해서 체크해 볼 필요가 있다. 고교 생활에서 영향을 준 사건이나 자신의 장점 등을 환경, 희망 직업, 교내외 활동, 수상 실적 등 다양한 항목으로 학교생활기록부 등을 참고해 작성해 두면 자기소개서를 보다 내실 있게 작성할 수 있다.

최근 학교에서 학년별로 자기소개서를 작성하는 등 공교육에서 자기소개서 작성 연습을 하는 경우가 많으니 기회가 된다면 반드시 참여해 보자. 그리고 자기소개서를 작성하면서 평소 몰랐던 자신의 장점을 알 수도 있고, 미래 목표를 구상하면서 자신에게 맞는 유망직업 등을 찾아

볼 수도 있다.

자기소개서는 면접에서 자기소개서와 관련한 추가 질문을 받을 수 있고, 대필한 것이 적발되면 입학취소가 되므로 반드시 본인이 직접 작성해야 한다.

기본적으로 자신의 경험과 적성을 솔직하고 타당하게 서술해야 한다. 자신의 장점을 지나치게 과장하거나 추상적으로 표현하는 자기소개서는 좋은 평가를 받지 못한다. 자신이 고교 3년 동안 어떠한 경험을 했으며, 앞으로 어떠한 인물이 되고 싶은지에 대해 솔직하고 담백하게 서술해야 좋은 평가를 받을 수 있다.

1) 학년별 자기소개서 작성 가이드

학생부종합전형이 확대되면서 학생부종합전형을 중학교 때부터 준비하는 경우도 많다. 특목고의 자기주도학습전형이 대입 학생부종합전형과 유사하므로 합격 여부와 상관없이 미리 준비를 시키는 학부모가 많기 때문이다.

고교 입학 후에 목표 대학 등을 구체적으로 정하지 못한 학생이라도 1학기 내신 성적 및 전국연합학력평가 결과를 참고해 학생부종합전형 도전 여부를 결정하는 것이 좋다.

내신 성적에 비해 모의고사 성적이 매우 우수하다면 정시를 중심으로 도전해야겠지만 내신 성적과 모의고사 성적이 비슷하다면 가급적 학생부종합전형을 미리 준비하는 것이 효과적이다. 영어 절대평가 도입으로 인해 정시 모집의 선발 규모가 줄어들고, 학생부 위주 전형의 규모가 지속적으로 확대되고 있기 때문이다.

특히 학교 자체적으로 학생부종합전형을 체계적으로 잘 준비하고 있는 특목고나 자사고와 달리 일반고의 경우에는 학교에 따라 준비 정도가 다르다. 따라서 일반고에 재학 중인 학생이라면 1학년 때부터 미리 개인적으로라도 비교과 및 자기소개서 준비를 시작하는 것이 좋다.

자기소개서는 고3 때 준비해도 된다고 생각할 수 있지만 실제로 자기소개서를 작성하면서 자신의 향후 진로를 미리 고민하고, 다양한 정보를 찾아보게 된다. 이로 인해 보다 자기주도적인 학습이 가능하며, 무분별하게 교내 스펙을 준비하는 것이 아니라 꼭 필요한 스펙을 준비하면서 효과적인 대비가 가능하게 된다.

※ 학년별 자소서 준비 포인트

학년	작성 시기	자소서 준비 포인트
1	여름방학 겨울방학	• 희망 직업에 맞추어 대교협 공통 양식 기준으로 작성하자. • 문항별 분량의 70% 수준으로 부담 없이 작성하자. • 희망 진로 및 희망 학과 정보를 조사하자. • 향후 주력 과목 및 비교과 우선순위를 설정하고 노력하자.
2	여름방학 겨울방학	• 학생부 사본을 발급받아서 현재 교과 및 비교과를 점검하자. • 교과 성적 및 비교과, 모의고사 성적을 감안해 목표 대학과 학과를 결정하자. • 대학의 모의 전공체험 및 입시설명회 등에 적극적으로 참여하자. • 대교협 공통 양식 기준으로 제대로 작성해 학교 선생님들께 조언을 받아보자. • 교과 성적 및 비교과 중 부족한 부분을 검토하고 보완하자.

3	7, 8월	• 학생부 사본을 발급받아서 현재 교과 및 비교과를 점검하자. • 실제 지원할 대학과 전형, 모집 단위를 정하도록 하자. • 대학별 자기소개서 및 제출 서류를 확인하도록 하자. • 실제 지원 대학의 양식에 따라 작성해 학교 선생님들께 조언을 구하도록 하자. • 4차례 정도 수정 및 퇴고를 통해 자기소개서를 완성하도록 하자. • 추천서와 추가 제출 서류 등을 준비하도록 하자.

2) 자기소개서 작성을 위한 5단계 작성법

자기소개서는 대교협 공통 양식과 대학별 추가 문항이 있는 구체적인 글이므로 사전에 계획을 세우고 준비해서 작성하는 것이 효과적이다.

대부분 수험생이 자기소개서 작성에 어려움을 겪는 가장 큰 이유 중의 하나가 체계적인 계획을 세우지 않고, 무턱대고 글을 작성하기 때문이다. 처음부터 자기소개서 양식대로 글을 쓰다 보면 문항별로 요구 사항조차 제대로 이해하지 못한 채 자신의 잠재력과 소질을 제대로 표현하지도 못하게 된다.

자기소개서는 서류평가에서도 중요하게 활용되지만, 면접에서도 중요하게 활용되고, 다양한 질문을 받을 수 있으므로 다소 시간이 걸리더라도 꼼꼼하게 작성하는 것이 효과적이다.

① 자신의 향후 진로 계획을 세우자.

대교협에서 발표한 공통양식에는 없지만, 일부 대학에서 추가해 활용하는 4번 문항에는 주로 활용된다.

실제로 자기소개서 등을 평가했던 입학사정관 등을 만나서 얘기를 하다 보면 지원동기가 구체적이지 않은 자기소개서가 많다는 얘기를 듣곤 한다. 입학사정관이 가장 알고 싶어 하는 것 중의 하나가 바로 '이 학생이 왜 우리 대학 OO 학과에 지원했을까?' 라는 점을 감안해 작성해야 한다.

특히 학생부종합전형에 지원하는 학생 중에는 여러 대학에 지원하면서 모집 단위를 달리해 지원하는 경우가 있다. 즉, 대학을 우선시해서 학과를 낮추더라도 상향지원하는 경우와 대학보다 학과를 우선시해서 적정지원하는 경우이다.

인기학과는 여러 대학에서 중복지원할 가능성이 높기 때문에 현실적인 선택을 하게 된다. 자신이 지원하는 대학의 모집 단위가 다를 경우에는 반드시 대학별로 자기소개서를 달리해 작성해야 한다.

학과의 커리큘럼 등 상세한 정보, 학과별로 진출 가능한 직업 등 큰 틀에서의 진로설계가 매끄럽게 되어있어야 한다. 뭔가 큰 그림이 있어야 구체적으로 자신의 적성과 장점 중에서 주로 어필할 내용 등을 선택해 작성하기가 쉽다.

② 학교생활기록부를 낱낱이 조사해 참신한 글감을 찾자.

자기소개서는 항목별로 구체적인 작성 분량이 정해져 있다. 그래서 남과 다른, 개성이 있는 자기소개서를 쓰기 위해서는 글감부터 제대로 선택할 수 있어야 한다.

글감을 찾기 위해서는 가장 먼저 학교생활기록부 사본을 발급받아서 학교생활기록부의 전체 내용을 읽어보면서 중요한 소재를 찾아보자.

학교생활기록부는 수험생의 3년간의 기록이 담긴 소중한 자료이며, 학교에서 무료로 발급받을 수 있다. 학교생활기록부의 세부 내용을 읽어보면서 글감을 찾아서 별도로 노트에 정리를 해두자. 그리고 여러 개의 글감 중에서 우선순위를 정해 소재를 정리하자. 평소 별도로 기록을 잘 해두면 좋지만, 대다수의 수험생들이 입시철이 돼서야 학생부를 보는 경우가 많다. 고등학교 1, 2학년 때의 일들이 잘 기억나지 않을 수 있으니 소재별로 자신의 활동 내역, 느끼고 배운 점 등을 미리 적어 두자.

※ 학교생활기록부와 자기소개서 평가 항목

자기소개서를 쓰기 전에 먼저 학교생활기록부 사본을 발급받아서 자기소개서에 쓸 내용을 찾아야 한다. 이때 참고해야 할 기준이 바로 '평가 준거'이다. 다양한 학생부의 내용을 보면서 평가 준거를 감안해 글감을 정리해야 한다.

학생부영역	기준학년	평가 준거			
		학업역량	전공 적합성	인성	발전 가능성
학적 및 출결	1~3			○	
수상경력	1~3	○	○	○	○
자격증 및 인증	1~3		○		○
진로희망사항	1~3		○		
창의적 체험활동	1~3		○	○	○
교과학습발달	1~3	○	○	○	○
독서활동	1~3	○	○	○	○
행동특성 및 종합	1~2	○	○	○	○

※ 중요한 활동별로 요약해 작성해보자

학교생활기록부에는 다양한 항목이 있고, 창의적 체험활동에는 학년별로 다양한 활동을 하게 된다. 예를 들어 동아리 활동의 경우에는 학교 내의 정규 동아리가 있고, 학생들이 스스로 만들어 운영할 수 있는 자율 동아리가 있다. 학년별로 꼭 1개의 동아리 활동을 하는 것이 아니라 다양한 활동을 할 수 있는 만큼 중요한 활동을 뽑아서 정리할 필요가 있다.

이는 봉사활동이나 교내 대회 수상 실적 등을 정리할 때에도 마찬가지이다.

활동명	활동기간	동기	활동내용	나의역할	참여도	배우고 느낀 점

자기소개서를 작성하기 전에 미리 중요한 활동을 뽑아서 활동요약노트를 만들어 두도록 하자. 중요한 것은 활동 동기와 활동한 내용과 자신의 역할 그리고 그 활동을 통해서 배우고 느낀 점이다.

③ 문항별로 요구사항을 확인하고, 문항별로 키워드를 잡자.

자기소개서는 설득을 위한 글이므로 추상적인 내용이 아니라 사실에 근거한 논리적인 내용을 담아야 한다.

논술의 개요를 짜는 것처럼 항목별로 자신이 말하고자 하는 바를 키워드와 주제문을 뽑아서 개요를 작성해 보자. 개요를 작성해두면 보다 설득력 있는 글쓰기가 가능하다. 문항별로 기승전결이 제대로 이루어지려면, 무엇보다 탄탄한 개요가 중요하다.

주제문은 반드시 첫 문장으로 해야 한다. 두괄식으로 구성해야 평가자들의 시선을 사로잡을 수 있기 때문이다. 첫 문장에서 평가자의 관심을 끌어내고, 자신을 드러내면 좋은 평가를 얻을 수 있다.

평가자는 하루에도 수백 명의 서류를 검토하게 된다. 비슷한 수험생의 글 중에서 평가자의 시선을 사로잡을 수 있어야 한다. 또한, 자기소개서의 항목별 요구 사항, 글자 수는 반드시 지켜야 한다. 작성할 항목에 대해서 요구 사항을 세분화해서 작성하고 퇴고하자. 질문의 요지를 알아야 제대로 된 답변을 할 수 있다.

문항	요구사항
1	재학 중 학업에 기울인 노력과 학습 경험 이를 통해 배우고 느낀 점
2	재학 중 의미를 두고 노력했던 교내활동(3개 이내) 이를 통해 배우고 느낀 점
3	배려, 나눔, 협력, 갈등 관리 등을 실천한 사례 이를 통해 배우고 느낀 점
자율	지원 동기, 입학 후 학업계획, 독서 활동 등

④ 대학별 인재상과 평가 기준 등을 감안하자.

학생부종합전형은 대학들이 자체적인 인재상을 반영해 선발하기 때문에 반드시 지원 대학의 인재상을 확인해 자기소개서에 반영해야 한다. 대학별로 입시설명회나 모집요강 등에 인재상 및 주요 평가 기준 등을 공개하는 경우가 많으니 반드시 참고하자. 예를 들어 수도권 A 대학의 경우 잠재적 능력, 성장 가능성을 중시해 평가하며 B 대학의 경우에는 전형 적합성, 학업발전성, 전공 적합성, 자기주도성, 경험 다양성, 인화관계성 등을 중시해 평가한다. 이처럼 대학별로 중시해 평가하는 기준도 다르므로 지원 대학의 특성을 꼭 감안해 작성하는 것이 효과적이다.

※ 주요 대학의 인재상

대학명	인재상
건국대	합리적이고 창의적이며 균형 있는 판단력을 지닌 인간, 자신의 적성을 토대로 전문적 분야의 지식과 실천적 능력을 갖춘 인간, 국가 및 지역사회에 대해 공동체적 연대의식을 지닌 인간
경희대	새로운 학문에 열정을 다하는 경희인, 미래를 선도하는 도전적인 경희인, 세계에 봉사하는 글로벌 경희인을 대표할 수 있고 세계적 리더로 성장할 수 있는 잠재 능력을 갖춘 인재 양성
고려대	성실성: 자아실현과 인격 함양을 위해 학업 및 학교생활 전반에 걸쳐 노력하는 인재 리더쉽: 지속적인 리더활동과 성찰을 통해 지도력을 가진 인재 공선사후(公先私後) 정신: 정의로운 가치관과 타인에 대한 배려심을 가지고 공동체에 참여하고 실천하는 인재 전공 적합성: 전공영역에 대한 열정과 국제적 이해와 교류능력을 지니고 자신의 변화 발전을 위해 노력하는 인재 창의성: 지속적인 호기심과 탐구심, 비판적 창의적 사고력과 문제해결능력을 지닌 창의적 인재
동국대	지혜와 자비를 겸비한 도덕적 현대인, 한국문화를 세계화하는 창조적 지식인, 고도 산업기술 사회에 부응하는 진취적 지도자
서강대	헌신의 정신과 책임감, 성숙하고 원만한 인격으로 사회와 국가에 공헌할 수 있는 인재 세계의 변화와 시대적 흐름을 이해하고 이에 대응할 수 있는 비판적 판단력을 갖춘 인재 민족의 번영 및 세계평화에 기여할 수 있는 참된 세계인

대학명	인재상
서울대	학교교육과정을 성실히 이수하고 학업능력이 우수한 학생 학교생활에서 적극적이고 진취적인 태도를 보인 학생 글로벌 리더로 성장할 수 있는 자질을 지닌 학생 다양한 교육적, 사회적, 문화적 배경과 경험을 지닌 학생 사회적 약자에 대한 배려심과 공동체 의식을 가진 학생
성균관대	인의예지(仁義禮智)의 품성과 종합적인 사고역량을 바탕으로 잠재력과 소질을 개발하며 관심 분야에서 자신의 능력을 키워나갈 수 있는 교양인으로서의 참된 인재 창의적 사고로 도전하며 가치 창출과 문제해결의 역량을 가진 전문가로서의 참된 인재 주도적 역량을 지니며 세계 최고 글로벌 리더가 될 수 있는 리더로서의 참된 인재
연세대	진리와 자유의 정신을 갖춘 글로벌 리더로서 사회에 공헌할 수 있는 인재
중앙대	개방적 문화인 실천적 봉사인 자율적 교양인 실용적 전문인 실험적 창조인
한국외대	자주적 탐구인: 합리적 사고를 할 수 있고, 폭넓은 지식과 정심대도(正心大道)의 덕성을 갖춘 사람을 뜻한다. 이는 곧 창학정신에서 말하는 '진리'를 사랑하는 사람이다. 국제적 한국인: 창학정신의 두 번째 덕목인 '평화'를 사랑하는 사람으로 민주적 의식이 투철하고, 지도자적 인격을 갖추고 있으며, 세계평화의 사절로서의 구실을 수행할 수 있는 인간이다. 독창적 전문인: 적어도 한 가지 이상의 외국어 구사능력을 갖추고, 해당 언어권에 대한 전문지식을 갖춤으로써 유능한 국제 전문 인력으로서의 자질을 구유한 사람이다. 이러한 사람이 되려면 창학정신의 세 번째 덕목인 '창조'정신이 필요하다.
한양대	교양인: 폭넓은 교육을 통하여 근면하고 정직하며 겸손한 인재 전문인: 전문분야의 심오한 이론과 고도의 기술을 겸비한 인재 실용인: 다양한 학문의 지식을 사회에 응용할 수 있는 인재 세계인: 문화적 다원성을 이해하고 국제사회에서 활약할 수 있는 인재 봉사인: 지역사회와 국가, 나아가 인류사회의 번영에 공헌하는 인재
홍익대	국가와 인류 발전에 이바지할 수 있는 자주적이고 창조적이며 협동적인 인재

⑤ 3차례 이상 조언을 받아 최종 자기소개서를 완성하자.

자기소개서를 작성한 후에 선생님이나 친구들과 함께 보면서 의견을 듣고 수정하는 것이 좋다. 시간을 두고 여러 번 수정을 하다 보면 불필요한 내용을 뺄 수 있어 탄탄한 자기소개서가 된다.

자기소개서에서 요구하는 것이 명문장은 아니지만, 문장은 최대한 간결하게 쓰는 것이 좋다. 여러 문장을 한 문장으로 쓰게 되면 글의 내용이 잘 전달되지 않는다. 또한 자기소개서를 쓰는 항목은 각 항목 당 분량이 많지 않으므로 간결하게 핵심적인 내용을 쓰도록 해야 한다.

그리고 조심해야 할 것은 수식어를 많이 쓰게 되면 내용이 추상적으로 흘러가기 쉽다. 기본적인 어문법 규정은 반드시 지켜야 한다. 띄어쓰기나 맞춤법 등 기본적인 규정은 여러 번의 퇴고를 통해 제대로 고치자.

대교협 공통 문항별 작성 포인트

1번 문항은 수험생의 학업에 대한 목표의식과 노력, 학업역량과 지적 탐구역량을 볼 수 있는 항목이다. 그래서 수험생 본인의 자기주도적 학습 태도 및 수업 참여도 등 학업에 기울인 노력 및 비교과 영역을 통해 발휘된 학습역량에 대해 작성해야 한다.

조심해야 할 점은, 단순히 학업 성적의 우수성만을 서술하거나 경험만을 나열하는 것이다. 평가자들이 보고자 하는 바는 수험생만이 갖고 있는 구체적인 노력과 그로 인해 깨달은 경험들이다. 고등학교 재학 기간으로 기간이 제한된 만큼 무의미한 중학교 시절 등의 얘기는 생략해야 한다.

평범한 사례

현재 성적이 그렇게 좋지는 않습니다만 초등학교 때부터 공부를 잘하고, 머리가 좋다는 얘기를 많이 들었습니다. 중학교 때는 시험 기간 때마다 벼락치기로 해서 비교적 성적이 잘 나왔습니다. 하지만 고등학교 때에는 제 머리만 믿고, 노력을 게을리해 좋은 결과를 거둘 수 없었습니다.

2학년 때부터 학교에서 실시하는 야간 자율학습에 적극적으로 참여하고 있습니다. 자율학습 시간에는 평소 학교 공부를 복습하고, 수능 시험을 대비해서 부족한 과목을 중점적으로 공부하고 있습니다. (이하 생략)

평가: 이 학생의 경우 본인이 학업에 기울인 노력이나 학습 경험에 대해 구체적으로 작성하지 않았고, 현재 자신의 노력에 대해 평이한 수준에서 쓰고 있다. 현재 성적이 좋지 않다고 본인이 알면서도 그 부족한 성적을 향상시키기 위해 본인이 노력한 점에 대해서 쓰지 않았다.

우수한 사례

제가 교사라는 꿈을 갖게 된 계기는 고등학교 1학년 때부터 참여했던 지역아동센터 멘토링 활동이었습니다. 처음에는 봉사활동 시간을 따기 위해서 별 생각없이 참여했지만, 부족한 제 수업에 열심히 집중하는 아이들의 모습을 보면서 많은 것을 깨달을 수 있었습니다. 교사라는 직업이 주는 사명감과 효과적인 교수방법 등을 제 스스로 고민하고, 찾아보

면서 학업 성적도 많이 향상시키는 계기가 되었습니다. (이하 생략)

평가: 자신의 진로희망과 학업 동기를 구체적으로 작성하고 있다. 또한 자신의 학업역량을 향상시키기 위해 구체적인 방법 등을 서술해 좋은 평가를 받을 수 있었다.

> 2) 고등학교 재학 기간 중 본인이 의미를 두고 노력했던 교내활동을 배우고 느낀 점을 중심으로 3개 이내로 기술해 주시기 바랍니다. 단, 교외 활동 중 학교장의 허락을 받고 참여한 활동은 포함됩니다.

2번 문항은 평소 수험생의 다양한 교내활동 중에서 의미 있는 활동을 3개 이내로 작성해야 한다. 3개 이내이므로 꼭 3개를 채워야 하는 것은 아니고, 2개로 작성해도 된다.

이 문항을 통해 수험생의 자기주도성, 성실성, 지적탐구역량 등을 평가할 수 있다. 이 2번 문항과 진로를 연계해서 서술하는 것도 괜찮은 방법이다. 학생들이 주로 활동 사례만을 나열하는 경우가 많은데, 평가자들은 활동의 선택 이유 및 구체적인 역할, 배우고 느낀 점에 관심을 둔다.

평범한 사례

교내에서 가장 인기가 많은 영어신문부 활동을 2년 동안 했습니다. 영어신문부 활동을 하면서 영어에 대한 자신감이 생겼습니다. 영어신문부에서는 부원들끼리 역할을 나누어 영어신문을 발행했는데, 처음에는 힘들었습니다. 하지만 지도하시는 선생님과 친구들에게 좋은 평가를 받으면서 자신감이 생겼습니다. (이하 생략)

평가: 이 학생의 경우 영어신문부 활동을 2년이나 했지만, 정작 왜 자신이 영어신문부 활동을 했는지에 대한 명확한 동기가 없다. 또, 영어신문부에서 영어신문발행, 기사작성 등 다양한 활동이 있었음에도 불구하고, 자신만의 구체적인 활동 내용이 내역이 없다. 평가자들은 동아리 차원의 일반적인 활동 사례는 너무나 잘 알고 있다. 구체적인 자신만의 활동상과 활동을 통해 배우고 깨달은 점을 구체적으로 쓰자.

우수한 사례

조부모께서는 제가 어렸을 때 교통사고로 갑작스럽게 돌아가셨습니다. 할아버지와 할머니를 생각하시면서 동네에서 독거노인들을 보살피는 봉사활동을 꾸준히 하시는 부모님을 보고 자라면서 저도 자연스럽게 독거노인 봉사에 참여했습니다. 많은 시간은 아니지만 1달에 2번씩 토요일에 가는 봉사활동은 생각보다 쉽지 않았습니다. 하지만 저를 손녀처럼 대해주시는 어르신들을 보면서 힘을 낼 수 있었습니다. (이하 생략)

평가: 개인적 경험을 통해 봉사활동에 참여한 동기를 구체적으로 작성하고 있다. 또, 봉사활동에서 자신이 구체적으로 했던 노력과 그로 인해 깨달은 점을 잘 드러나게 서술했다. 봉사의 진정한 의미를 깨닫고, 한

층 성숙해진 본인의 내적 성장을 엿볼 수 있다.

> **3) 학교생활 중 배려, 나눔, 협력, 갈등 관리 등을 실천한 사례를 들고, 그 과정을 통해 배우고 느낀 점을 기술해 주시기 바랍니다.**

3번 문항은 본인의 학교생활에서 경험한 내용을 토대로 작성해야 하며, 수험생의 성실성, 자기주도성/창의성, 공동체 의식을 볼 수 있다.

자기가 고교생활 중 공동체 생활에서 어떤 역할을 하고 나눔과 배려, 협력, 책임감, 성실성, 리더십 등을 어떻게 발휘했는지 구체적으로 작성해야 한다. 많은 수험생이 3번 문항의 소재를 전교학생회, 학급운영, 동아리 활동에서 작성하므로 남과 다른 차별성을 갖기 위해서는 구체적인 자신만의 역할과 배운 점 등을 써야 한다.

평범한 사례

2학년 때 연극을 보고 보고서를 쓰는 국어수행평가가 있었습니다. 6명씩 조를 나누어 연극을 보고 조원 모두 다 같이 힘을 모아 보고서를 써야 했습니다. 학원, 선약 등으로 시간 맞추기부터 쉽지 않아 조장인 제가 제안해 최대한 많은 사람이 모일 수 있는 날을 찾고, 몇 명이 양보를 해 나가는 방식으로 조율해 나갔습니다. 그리고 보고서 작성 분량을 나눠 각자가 원하는 부분을 맡을 수 있도록 조원들을 설득해 나갔습니다. (이하 생략)

평가: 사례가 지나치게 평이해 중학생 수준의 글로 평가된다. 단순한 시간 조율이나 분량 조절 등은 적절한 사례가 아니다. 전체적인 문장의 수준 또한 떨어지는 편이다.

우수한 사례

생명과학에 특히 관심이 많았던 저는 생물동아리 ATGC에서 동아리 활동을 했습니다. 우리 학교에서는 매년 동아리발표대회를 개최하는데, 교내 동아리들이 1년 동안의 활동을 널리 알리는 큰 대회입니다.

저는 2학년 때 축제와 동아리 부스 운영, 동아리 발표대회를 동시에 하는 광고동락 동아리 발표대회에 생물동아리 ATGC의 조장으로 참여하게 되었습니다. … 제 공연도 중요했지만, 저희 조원들에게 미리 사전에 동의를 얻지 못해 미안한 마음이 컸습니다. 그래서 저는 하루 종일 화장실 갈 틈도 없이 실험 결과 전시물 배치와 설치, 체험 부스 운영 등에 적극적으로 참여했습니다. (이하 생략)

평가: 희망학과와 관련된 생물동아리 활동 중에서 동아리 발표대회에서 있었던 일을 설득력 있게 작성했다. 또한, 사례의 과정을 구체적으로 작성했고, 조장으로서 느꼈던 점과 자신의 역할 등을 구체적으로 잘 작성했다.

04

자기소개서 최종 점검 포인트 및 주의사항

대입 자기소개서는 많은 대학에서 수험생이 직접 인터넷으로 입력하게 되어 있다. 자기소개서 제출 기간 안에 수정을 허용하는 대학도 많으니 자기소개서를 제출하기 전에 마지막으로 체크해보자. 특히 학생부종합전형으로 여러 대학에 지원하는 수험생들의 경우 자기소개서가 섞이지 않도록 주의해야 한다.

실수로 대학명과 학과명을 잘못 입력하는 수험생들이 간혹 있다. 그리고 인터넷으로 제출하는 만큼 항목별로 분량이 넘으면 아예 입력할 수 없으니 분량에 주의하자. 여러 대학의 자기소개서를 작성하는 수험생이라면 시간에 쫓겨 입력 시 오타 등 실수가 있을 수 있으니 마감시간 전에 충분한 여유를 갖고 검토하도록 하자. 마지막으로 자기소개서를 제출하기 전에 사설업체의 표절검색 시스템으로 검색해 보고, 혹시 모를 표절

순번	내용	체크
1	0점 및 감점 요인을 작성하지 않았는가?	
2	항목별로 분량에 맞추어 작성했는가?	
3	대학 및 학과 지원 동기를 설득력 있게 작성했는가?	
4	학생부의 서술을 그대로 반복해 쓰지 않았는가?	
5	항목별로 활동 사례만을 주로 쓴 것은 아닌가?	
6	상투적인 표현과 추상적인 표현이 있는가?	
7	대학 및 학과에 맞추어 작성했는가?	
8	인터넷 예시문 등 표절을 하지 않았는가?	
9	항목별로 사례가 중복되지 않는가?	
10	오타를 비롯해 맞춤법 등에 맞게 썼는가?	

※ 표절을 잡아내는 대교협의 유사도 검색시스템

자기소개서 등의 서류 표절이 심각해지면서 대교협에서는 유사도 검색시스템을 운영하고 있다. 이 시스템은 자기소개서와 추천서를 별도 기준으로 관리하는데, 아무래도 서류 작성 부담이 큰 교사들의 추천서는 유사도 검색 조건이 자기소개서에 비해 완화된 편이다.

유사도가 자소서의 경우에는 5%, 추천서의 경우 20%를 넘기면 대학이 유선확인/현장실사/본인확인/교사확인/심층면접 등을 거쳐 철저하게 검증하며, 유사도가 높으면 감점과 전형탈락의 불이익이 있다. 또한 대학별로 자기소개서 제출 기간이 다르므로 모든 합격자들의 입학 후에도 재검증을 실시해 적발되면 입학이 취소된다는 점에 주의하자.

학생들이 작성하는 자기소개서의 경우 유사도 비율이 5%를 넘어서면 유선확인, 본인확인 등의 검증 절차를 거치게 된다. 표절로 최종 확정되면 불합격 처리되는데, 실제로 2013학년도 기준으로 자기소개서 표절로 전국에서 1,102명이 불합격 처리되었다.

유사도 검색시스템은 자기소개서 및 교사추천서의 신뢰도를 유사도 검색시스템 결과치의 최댓값 수준에 따라 위험(Red)/의심(Yellow)/유의(Blue) 수준의 3단계로 구분하고, 유선확인, 현장실사, 본인확인, 교사확인, 심층면접 등 다양한 방법을 통해 표절, 대필 및 허위 여부를 검증하도록 운영되고 있다.

※ 위험수준(Red zone) : 표절 등의 가능성이 높은 수준
　　의심수준(Yellow zone) : 표절 등이 우려되는 수준
　　유의수준(Blue zone) : 통상적인 수준. 표절 등의 가능성은 높지 않음

표절 정도	유사도비율		확인방법
	자기소개서	교사추천서	
위험수준	30% 이상	50% 이상	유선확인,현장실사,본인확인, 교사확인,심층면접 등
의심수준	5% 이상~30% 미만	20% 이상~50% 미만	
유의수준	5% 미만	20% 미만	서류평가 단계에서 검색된 문구 등을 특히 유의하여 검증

05

자기소개서 작성할 때 가장 많이 묻는 것

📍 학생부종합전형에 지원할 예정인데, 자소서는 언제부터 준비해야 하나요?

최근 학생부종합전형이 많이 확대되면서 고1 때부터 학생부종합전형을 적극적으로 준비하는 경우가 많다. 특히 일선 고교에서 고1, 2학년 때 주로 경시대회, 발표대회 등 각종 대회를 주로 실시하기 때문에 고1 때부터 준비해야 한다. 특히 자기소개서의 경우 학년별로 미리 작성해 두면 자신의 진로 계획도 같이 점검할 수 있고, 학생부에서 교과 성적과 비교과 실적을 어떤 것들을 중심으로 확보해야 할 것인가도 알 수 있다는 장점이 있다. 필자의 경우에는 매 학년별로 방학 때마다 자기소개서를 작성해 보완하도록 지도하고 있으며, 학생들의 희망 진로와 성적 변화, 실적 등이 변하기 때문에 정기적으로 보완하는 것이 좋다.

✏ 정말 자기소개서만 잘 써도 명문대학에 합격할 수 있나요?

자기소개서는 학생부종합전형의 전형 자료 중 하나이다. 아무리 자기소개서를 잘 쓴다고 해도 학교생활기록부와 추천서 등을 비교·평가하면서 우수한 점을 입증할 수 없다면 합격하기가 어렵다.

학생부종합전형에서 가장 기본적인 것은 지원자 평균 수준의 교과 성적과 비교과 실적이다. 학교생활기록부나 추천서와 달리 자기소개서의 내용이 지나치게 우수할 경우 입학사정관의 입장에서는 대필을 의심할 가능성이 있어 보다 꼼꼼하게 점검하게 된다.

최근 자기소개서 컨설팅이 유행하면서 많은 학생이 이용하는데, 근본적으로 자신의 역량을 먼저 감안하고 이용하는 것이 좋다.

✏ 선배들 얘기가 8월 내내 서울대 자소서 준비했다는데, 정말 그런가요?

서울대를 비롯한 명문대의 학생부종합전형에 지원하는 학생들이 꼭 유념해야 할 점은 자기소개서에 지나치게 많은 시간을 투자해서는 안 된다는 점이다. 특히 8월의 경우 9월 모의평가 및 수능 대비를 위한 가장 중요한 시간이라는 점을 잊어서는 안 된다.

자기소개서를 단기간 내에 보다 효과적으로 작성하기 위해서 계획적으로 단계를 밟아나가야 된다. 학생부를 먼저 점검하고 자신이 지원할 대학 및 모집 단위를 정하고, 대학의 인재상 및 학과 정보를 파악해야 한다. 그리고 문항별로 키워드만을 활용해 간단한 개요를 작성하고 여러 차례 보완해야 한다. 설득력 있는 개요가 완성된 후 자기소개서를 작성하는 것이 시간을 절약하는 방법이다.

▎ 자소서 학원이나 대필을 맡겨도 안 걸리나요?

대치동을 비롯한 학원 특구 지역에서는 마치 자기소개서만 잘 쓰면 대학에 잘 갈 수 있다는 식으로 홍보를 하는 경우가 많다.

지방에서도 일부 학원에서 자기소개서를 학교별로 50만 원에 써준다는 얘기도 들리곤 한다. 대필업체 등에 맡기는 것은 비용도 비용이지만, 학생 개개인의 특성을 제대로 파악해 써주기가 힘들고, 대교협에서 표절 검색시스템을 운영하는 만큼 자기소개서 표절 등에 주의해야 한다. 학교 선배나 친구, 인터넷상의 예문 등을 활용하는 것은 표절검색시스템에 걸리기 때문에 절대 피해야 한다.

▎ 글솜씨가 없어서 자소서 쓰는 게 힘들어요. 어떻게 해야 하나요?

자연계열 학생들은 자소서를 쓰는 것에 어려움을 겪는 경우가 많다. 평소 글을 작성해 본 경우가 별로 없어서 스스로 글솜씨가 없다고 생각해 학생부종합전형을 피하는 경우도 있다. 하지만 학생부종합전형이 확대되고 있고 선발 규모가 매우 크다는 점을 감안해야 한다. 입학사정관 등 평가자는 수험생의 화려한 글솜씨를 평가하는 것이 아니라 내용에 집중해 평가한다는 점을 감안하자. 다소 투박하더라도 학생다운 솔직함과 진실성이 담겨있다면 좋은 평가를 받을 수 있다.

▎ 자기소개서를 작성할 때 꼭 피해야 하는 것은 무엇인가요?

기본적으로 가장 피해야 하는 것은 대필과 0점 처리 규정이다. 대교협에서 표절검색시스템을 운영하고, 여러 차례에 걸쳐 처리하기 때문에 기본적인 규정은 반드시 지켜야 한다.

특히 표절이 의심되면 입학사정관의 입장에서는 입시의 공정성을 위해서라도 낮은 평가를 하게 된다. 또한, 여러 사람에게 조언을 받다 보면 문장력은 뛰어나지만, 자신만의 느낌이 사라지게 되므로 주의하자.

▌학생부종합전형에 지원하려면 무조건 자기소개서가 필요한가요?

주요 대학에서는 대부분 자기소개서를 요구하지만, 일부 대학에서는 자기소개서가 필요 없이 학교생활기록부만으로 평가하기도 한다. 따라서 무조건 자기소개서를 먼저 작성하기보다는 자신이 실제 지원할 대학과 전형과 모집 단위를 먼저 정하고, 자기소개서 및 추천서 등 제출 서류를 확인하도록 하자.

▌자기소개서에 교우 관계나 사례 등을 과장해서 써도 되나요?

자기소개서의 중요성이 커짐에 따라 학생들이 지나치게 과장해서 쓰는 경우들이 생겨나고 있다. 특히 독서 활동이나 교내의 교우 관계에서 나타난 에피소드 등을 과장해서 쓰는 경우가 많다. 하지만 실제 서류 평가 과정에서 서류평가의 전문가인 입학사정관의 눈을 속이긴 어렵다. 지나치게 과장해서 쓴 경우 실제로 입학사정관이 학생에게 직접 사실 여부를 확인하기도 한다. 운 좋게 1단계를 통과하더라도 실제 면접 과정에서 확인할 수 있으므로 피하는 것이 좋다.

Part 5

최종 합격을 위한
면접 핵심 포인트

학생부종합전형은 정부의 적극적인 지원으로 급격히 확대되고 있다. 학생부종합전형은 정시처럼 성적 중심 선발이 아니라 학생부와 자기소개서, 추천서 등을 통해 대학의 건학 이념과 모집 단위별 특성에 맞는 합격자를 선발하는 전형이다. 공인어학성적, 외부 수상실적 등이 반영되지 않으며, 학생부의 교과 성적과 교내의 다양한 활동 실적이 중요하게 반영된다. 기존의 입학사정관전형과 같이 서류평가와 면접 등에 입학사정관이 참여해 평가하는 방식이며, 사교육 유발요인인 과도한 스펙 등을 반영하지 않고, 고교 재학 중의 실적을 중심으로 평가한다.

학생부종합전형은 많은 대학이 학생부, 자기소개서, 추천서, 면접 등을 종합해 선발한다. 하지만 세부 선발 방식은 대학마다 차이가 있다. 서류평가를 통해 1단계에서 일부 인원을 선발해 면접고사를 통해 최종 합격자를 선발하는 방식이 보편적이지만, 대학에 따라 서류평가만으로 최종 합격자를 선발하기도 한다.

※ 학생부종합전형의 평가절차

(출처: 건국대학교 2016학년도 입시 자료)

　　학생부종합전형에서 면접을 실시하는 경우 1단계에서 서류평가를 주로 하며, 2단계에서 면접고사를 실시해 최종 선발을 하게 된다. 학생부종합전형에서 면접은 주로 지원자의 인성과 전공 적합성, 학업능력 등을 주로 평가하게 된다. 면접고사에서는 주로 지원자가 제출한 학생부와 자소서를 토대로 검증성 면접을 실시하는 경우가 많지만, 대학에 따라 제시문을 활용해 면접고사를 실시하기도 한다.

　지원자의 제출 서류를 토대로 면접을 실시하는 대학에서는 주로 제출 서류 중 학생부와 자소서를 검토하고, 다수의 평가자가 지원자를 개별로 평가하는 방식이 주를 이룬다.

　최근 학생부 부풀리기와 자소서 대필 등이 문제가 되면서 면접에서는 지원자에게 매우 구체적인 질문을 던지면서 실질적인 검증을 하고 있다.

※ 주요 대학의 학생부종합전형 면접 평가요소

경희대학교 학생부종합전형 면접

　네오르네상스전형 등에서 인성면접을 하며, 서류 확인 면접 및 별도의 출제 문항을 통한 면접을 실시하게 된다.

　면접형식은 개인면접으로 모집 단위에 따라 차이가 있지만, 주로 10분 내외로 실시하며 면접관 2명이 지원자 1명을 평가하는 방식이다.

평가요소		평가 기준
인성	창학 이념 적합도	창의적 노력, 진취적 기상, 건설적 협동
	인성	품성, 태도, 사회성, 자기 주도성
전공 적합성	전공기초소양	전공 적합성, 학업역량
	논리적 사고력	탐구력 및 논리적 의사소통능력

중앙대학교 학생부종합전형 면접

다빈치 전형 등에서 면접을 하며, 입학사정관을 포함해 2명이 지원자 1인당 10여 분 동안 개별 면접을 실시하게 된다. 지원자 공통의 제시문 면접이 아니라 지원자가 제출한 서류를 기반으로 면접을 실시한다.

평가항목	세부사항
서류의 신뢰도	지원자의 서류를 평가했던 입학사정관이 직접 면접을 하며, 서류평가에서 궁금했던 내용이나 추가로 확인하고 싶은 내용을 질문
학업 준비도	지원자의 서류를 기반으로 개별적인 질문을 제시 학생부나 자기소개서를 통해 학업의 우수성에 대한 경험이 드러난 경우, 지원자의 경험과 지식을 토대로 질문
인성 및 의사소통 능력	제출 서류상의 교내활동에서 드러난 지원자의 인성이나 협력 활동, 공동체 정신 등을 관찰. 면접을 통해 단체 활동을 통해 나누고 배우고 성장한 내용을 질문하여 학생의 면면을 파악

건국대학교 학생부종합전형 면접

학생부종합전형인 KU 자기추천전형 등에서 면접을 하며 학생부와 자기소개서를 기반으로 인성 면접을 실시한다. 평가자 다수가 지원자 1인을 대상으로 개별면접을 하며, 학업역량, 전공 적합성, 인성, 발전 가능성 등을 정성적으로 종합평가한다.

평가요소	평가항목	평가방법
전공 적합성	전공에 대한 관심과 이해도 전공 관련 활동경험	제출 서류를 기초로 한에 기초한 개별면접. 인성을 중심으로 학교생활 충실성을 종합평가
인성	소통역량(효과적인 의사소통 방법을 사용하여 메시지를 전달하고 이해하는 것에서 나아가 팀원 간의 상호 협조와 협력을 효과적으로 끌어내는 능력)	
발전 가능성	종합적 사고력	

학생부종합전형의 면접 유형과 면접 진행 절차

면접 고사는 대학 시험관과 수험생이 직접 주고받는 말을 통해 학생부 성적이나 수능 성적으로 평가할 수 없는 학생의 잠재력과 지적 능력, 대학에서의 학업 수행 능력을 판단하는 방법이다.

평가는 크게 학생의 인성이나 가치관, 사회관, 인생관 등을 측정하는 소양 평가와 전공에 대한 수학 능력이나 적성을 알아보는 전공적성 평가로 나뉜다.

최근 학생부종합전형이 확대되면서 대학별로 학생부종합전형에서 우수한 학생들을 평가하기 위해 다양한 면접 방식을 도입하고 있다. 학생부종합전형은 지원자의 학생부, 자소서, 추천서 등 자료를 통해 학생의 가능성과 잠재력을 심도 있게 평가하여 각 모집 단위의 특성에 맞게 학생을 자율적으로 선발하는 것을 목적으로 한다. 그래서 가장 많이 활용되는 대학별 고사가 '면접'이다.

대학에 따라 개별심층 면접, 발표면접, 토론평가 등 다양한 형태로 시행되며, 대부분 2~3명의 면접관이 수험생 1명을 평가하는 다대일 면접 형태가 일반적이다.

면접 평가에서는 주로 전공 관련 이해도, 논리적·창의적 사고력, 표현 능력의 학업수학능력과 제출 서류와 관련된 질의·응답을 통해 개인의 가능성과 잠재력을 평가하고, 검증하게 된다. 따라서 본인이 제출한 서류 내용을 숙지하고, 그와 관련하여 질문이 예상된다고 생각되는 내용에 대해서는 미리 답변을 준비하는 것이 좋다.

※ 대입 면접의 진행 방식

면접고사를 실시하는 대학들은 서류평가 후에 일정 배수를 선발해 면접고사를 실시하거나 응시자 전체를 대상으로 면접을 실시한다. 제시문 출제 여부 및 대학별 면접 유형에 따라 대기실에서 준비실로 이동한 후에 주어진 시간 동안 준비를 하는 경우와 대기실에서 바로 평가 장소로 이동 후 면접을 하는 경우도 있다.

> 대기실 ┈▶ 준비실 ┈▶ 평가 장소 ┈▶ 퇴실
> 대기실 ┈▶ 평가 장소 ┈▶ 퇴실

대학들은 면접고사 전에 면접고사 대상자를 입학처 홈페이지에 발표하며, 모집 단위별로 입실시간과 대기실을 지정해 공지한다. 면접 시 주의사항들을 함께 공지하는 경우가 있으니 참고해 준비해야 한다.

면접고사 일은 단과대학별로 달리하거나 모집 단위별로 달리하는 경우가 있으므로 자기가 지원한 전형 및 모집 단위별 일정을 꼼꼼하게 확인해야 한다.

대기실에 정해진 시간에 입실해야 하며, 자기 순서대로 준비실로 이동한 후, 준비실에서 일정한 답변 준비 시간을 가진 후에 평가 장소로 이동한다. 평가 장소에서 다양한 유형의 면접을 통해 자신의 실력을 평가받게 된다. 평가를 마친 후에는 귀가하게 된다.

※ 학생부종합전형 면접의 유형

1대다(一對多): 2~3명 이상의 평가자가 1명의 수험생을 평가하는 방식으로, 일반적으로 가장 많이 활용한다. 학생이 제출한 서류(학생부 및 자소서)를 토대로 서류의 사실 여부 및 확인, 인성 및 전공 적합성 등을 평가한다.

다대다(多對多): 여러 명이 한 조를 이루어 평가 장소에 입실해 3명 이상의 평가자에게 평가를 받는다. 다른 학생과 같은 질문을 받을 수 있으므로 다른 수험생의 답변을 주의 깊게 듣고, 자신만의 색깔이 담긴 답변을 하는 것이 좋다. 다른 학생이 답변하는 동안 면접 태도 등을 평가받을 수 있으니 경청하면서 들어야 한다.

집단토론 : 여러 명의 지원자를 한 조로 지정해 논제를 주고, 지원자들의 토론에 대해 평가하는 방식이다. 지원자의 토론 과정을 평가자들이 지켜보면서 논리적, 사고력, 의사소통 능력 등을 평가하게 된다.

※ 서울대학교 학생부종합전형의 면접 유형

서울대의 경우 학생부종합전형이지만, 세부전형에 따라 면접 유형이 크게 2가지로 구분된다.

지역균형 및 기회균형 전형은 지원자가 제출한 학교생활기록부와 자기소개서 등을 바탕으로 이루어지며, 복수의 면접위원이 지원자의 서류 중 확인이 필요한 사항을 주로 묻는 방식이다. 면접을 통해서 제출 서류의 내용과 지원자의 기본적인 학업 소양을 확인하게 된다.

수시 모집 일반 전형에서는 제시문을 활용해 면접 및 구술고사를 실시한다. 지원자에게는 제시문과 그에 따른 문항이 제공되고, 학생들은 모집 단위별로 30분~45분 동안 답변을 준비할 수 있다.

출제 문항은 고등학교의 정규교육과정 범위에서 출제하며, 모집 단위별로 평가분야와 과목이 다르다.

예를 들어, 인문대학의 경우 인문학과 사회과학 분야의 제시문을 기초로 면접을 실시하게 된다. 영어나 한자가 출제될 수 있으며 30분의 준비시간 동안 답변을 정리하고, 15분 내외로 면접이 진행된다. 해당 모집 단위 교수님 중에서 위촉된 면접위원들이 면접을 진행하기 때문에 정답 여부보다는 답변을 이어가는 과정에서의 사고력과 논리력 등에 중점을 두어 평가한다.

전형 명	면접 유형	세부 사항
지역균형, 기회균형 1, 2	서류 기반 면접	제출 서류(학생부, 자기소개서)를 바탕으로 기본적인 학업 소양 확인
수시 모집 일반 전형	제시문 활용 면접	제시문을 활용해 전공 적성 및 학업능력 평가

2) 주요 대학의 면접 기출 문제 및 예시 문제

학생부종합전형의 면접은 논술이나 적성고사와 달리 기출문제를 공개하지 않는 경우가 많다. 다만, 대학에서 법에 따라 선행학습 영향평가 결과 보고서를 해마다 작성해 학교 입학처 홈페이지에 공개하므로 이 보고서를 제일 먼저 확인해야 한다.

대학에 따라서는 면접 유형의 변화에 따라 학교별로 면접 예시 문제를 공개하거나 면접 기출문제를 해마다 공개하는 경우도 있다. 다만, 학생부종합전형의 면접 유형은 대학에 따라 향후 변화될 수 있으니 기출문제만 확인할 것이 아니라 모집요강 및 입시설명회 자료를 참고해 출제 유형을 정확하게 파악해야 한다.

선행학습영향평가 보고서에는 대학에 따라 학생부종합전형 기출문제 및 면접유형 및 평가 기준, 모범답안 등 핵심자료가 담겨 있다. 따라서 학생부종합전형에 지원해 면접고사를 준비하는 학생이라면 제일 먼저 이 자료를 확인해야 한다.

경희대학교 면접 기출문제 및 모범답안
(2016학년도 수시 모집 인문계 기출문제)

출처: 경희대학교 선행학습 영향평가 보고서

〈문제〉 많은 국가에서 불평등이나 차별을 시정하기 위한 공무원 채용이나 대학 입학에서의 소수집단 우대정책이 실시되고 있다. 하지만, 일부에서는 소수집단 우대정책이 공정성에 위배된다며 비판하고 있다. 이에 대한 학생의 의견을 말하시오.

■ 추가 질문

1) 소수집단 우대정책이 공정하다는 의견에 대한 추가 질문
많은 사람은 소수집단 우대정책이 실력 있는 사람에 대한 역차별이 될 수 있다고 비판하며, 개인에 대한 평가는 그 개인이 갖는 개성, 장점, 성과로 평가해야 하지 소속집단으로 평가하면 안 된다고 주장한다. 이에 대한 학생의 의견을 말해보시오.

2) 소수집단 우대정책이 공정하지 않다는 의견에 대한 추가 질문
개인의 성취 역시 사회 환경에 의해 영향을 받을 수 있음. 즉, 그 개인을 둘러싼 사회 환경이 좋을수록 그 개인은 더 높은 성취를 이룰 수 있음. 이러한 사회적 환경을 무시하고 전적으로 그 개인이 이룬 성취만 가지고 평가하는 것은 문제가 있다는 의견도 있음. 이에 대한 학생의 의견을 말하시오.

■ 예시 모범답안

- 소수집단 우대정책이 공정하다는 의견
사회에서 차별받고 있는 소수집단은 균등기회가 주어지지 않는 경우가 많음. 소수집단에게 균등기회가 주어지지 않은 채 형성된 공고화된 사회질서는 결국 그 소수집단에 속한 개인성원들의 수학능력 점수나 학점, 혹은 학력 등의 성취에도 부정적 영향을 미칠 수 있음.
이런 상황에서, 단순 점수만으로 취업이나 입학을 결정하면, 결국 사회적

불평등을 강화시킬 우려가 있음. 차별받는 소수집단에게 보다 많은 기회를 줌으로써 사회적 약자 위치를 탈피하는 데 도움을 줄 수 있음. 이것이 공정한 사회시스템임.

– 소수집단 우대정책이 공정하지 않다는 의견

소수집단이라는 이유로 공무원 취업이나 대학입학에 특혜를 주는 것은, 다른 의미에서는 소수집단에 속하지 않는 사람들에게 불리함을 준다는 것을 의미함. 사람은 그 개인이 갖는 개성, 장점, 성과로 평가해야지, 그 개인이 어떤 집단에 속하는 지로 평가하는 것은 옳지 않음. 이것은 공정 경쟁을 가로막는 평등권 침해임.

개인이 다수집단으로 태어난 것은 그 개인의 선택사항이 아닌데, 그러한 통제 불가능한 요인으로 인해 피해를 받는 사례가 있다면 그것은 공정하지 못한 것임.

또, 소수자 우대정책의 존재 자체가 그 소수집단이 사회적 열위의 위치에 있다는 것의 선언이며, 이러한 선언은 그 집단에 대한 사회의 인식을 강화시킴. 이러한 인식 자체가 집단 간 사회적 불평등성을 공고히 할 위험도 있음.

■ **채점 기준**

– 소수집단 우대정책이 공정하다는 의견

[탁월함] 아래의 [매우 우수]에 나온 내용을 아주 논리적으로 설명할 뿐만 아니라 추가 질문에 대한 답변도 탁월한 경우.

〈추가 질문 답변 예시〉

▷ 한 사람의 진정한 역량평가를 위해서는 성적이나 스펙 등의 성취만을 보아서는 안 되며, 그 이면에 깔린 불합리한 교육여건이나 성취여건을 살펴야 함.

[매우 우수] 예시 답변에서 제시된 내용을 논리적으로 충실히 설명한 경우. 특히 아래의 내용과 유사한 설명을 한 경우.

▷ 차별받는 소수집단에게 보다 많은 기회를 줌으로써 사회적 약자 위치를 탈피하는 데 도움을 줄 수 있음.

[우수] 위의 [매우 우수]에 비해 답변의 근거로 제시하는 논거의 내용이 논리성과 설득력에서 다소 떨어지는 경우.
[보통] 논거의 내용이 단편적이거나 주관적 느낌이나 편견만으로 답변하는 경우.
[다소 미흡] 문제를 제대로 이해하지 못하거나, 답변이 질문과 맞지 않는 경우.

■ **채점 기준**

– 소수집단 우대정책이 공정하지 않다는 의견
[탁월함] 아래의 [매우 우수]에 나온 내용을 아주 논리적으로 설명할 뿐만 아니라, 추가 질문에 대한 답변도 탁월한 경우.

〈추가 질문 답변 예시〉

▷ 소수집단의 차별받는 열악한 환경 자체를 바꿔야지, 열악한 환경의 결과로써 발생하는 성취를 기반으로 채용이나 입학 의사 결정을 하는 것은 진정한 해결책이 아님.
[매우 우수] 예시 답변에서 제시된 내용을 논리적으로 충실히 설명한 경우. 특히 아래의 내용과 유사한 설명을 한 경우.
▷ 사람은 그 개인이 갖는 개성, 장점, 성과로 평가해야지 그 개인이 어떤 집단에 속하는 지로 평가하는 것을 옳지 않음.
▷ 소수자 우대정책의 존재 자체가 그 소수집단의 사회적 열위 위치에 있다는 인식을 강화시킬 수 있으며, 이러한 인식 자체가 집단 간 사회적 불평등성을 공고히 할 위험도 있음.
▷ 공동체에서 공공의 선은 모두가 승자가 되려는 노력을 기울일 때 비로소 이루어질 수 있다는 점.
[우수] 위의 [매우 우수]에 비해 답변의 근거로 제시하는 논거의 내용이 논리성과 설득력에서 다소 떨어지는 경우.
[보통] 논거의 내용이 단편적이거나 주관적 느낌이나 편견만으로 답변하는 경우.
[다소 미흡] 문제를 제대로 이해하지 못하거나, 답변이 질문과 맞지 않는 경우.

중앙대학교의 학생부종합전형 면접 질문 예시

출처: 중앙대 학생부종합전형가이드북

1) 2학년 2학기 독서토론대회에서 수상을 했는데, 해당 책의 어떤 부분이 인상적이었고 어떤 점에 초점을 맞춰 자기주장을 했는지 말해볼까요?
2) 중학생 멘토링 봉사활동을 하면서 가장 어려웠던 점은 무엇이었고, 이를 해결하기 위해서 어떻게 노력했나요? 그 결과는 어떠했나요?
3) 영어시사문집 발간을 위해 노력했다고 나와 있는데, 다른 학생들에 비해 재능을 발휘하고 더 노력한 부분은 무엇인가요?
4) 생물 시간에 OO과 관련된 연구보고서를 작성했던데, OO은 어떤 개념이고 어떤 부분에서 흥미를 느꼈나요?

03

합격을 부르는 면접의 기술

학생부종합전형은 서류평가로만 선발하는 경우도 있지만, 대다수 대학은 면접고사를 실시하고 있다. 면접고사를 실시하는 경우에는 면접고사에서 당락이 결정되는 만큼 철저한 준비를 해야 한다. 특히, 교육부 방침에 따라 문제풀이중심의 심층 면접은 축소될 전망이므로 대학별로 출제 경향 변화도 대비를 해야 한다.

대다수 대학에서 학생부종합전형 면접은 인성면접으로 이루어지는데, 수험생의 가치관과 인성을 파악하거나 전공 적합성을 평가하는 경우가 많다. 크게 보면 대학별로 면접 유형은 비슷하나 실제 세부사항은 대학별로 차이가 크니 많으니 꼭 지원 대학의 출제 유형에 맞추어 준비해야 한다.

많은 학생이 면접을 '대화' 수준으로 생각해 쉽다고 오해하는 경우가 많다. 일상적으로 하는 것이 '말'이니 별다른 준비가 필요 없다고 생각한다. 하지만 짧은 시간 동안 면접관 앞에서 한 말로 단번에 자신의 인성 및 전공 수행 능력 등을 평가받게 된다는 사실을 인식해야 한다. '말'은 주워 담을 수 없고, 잘 알고 있는 내용이라도 '말'을 하지 못하면 모르는 것과 다름이 없다고 판단 받기 때문이다.

※합격을 위한 3단계 면접 대비 요령

단계	핵심포인트	세부사항
1	면접은 나에 대한 이해에서 시작한다.	학교생활기록부에서 중요한 활동 내용을 체크하자. 자기소개서 및 지원동기 등을 확실히 정리하자.
2	대학의 출제 유형을 살펴 맞춤형으로 준비하자.	실제 지원하는 대학의 출제경향을 파악하고, 기출문제를 구하자. 지원대학 및 지원학과의 정보, 졸업 후 진로 등 다양한 정보를 수집하자. 제시문 유형의 면접일 경우 관련 교과 학습에 최선을 다하자.
3	모의면접으로 철저한 실전대비를 하자.	여러 차례의 모의면접으로 실전 연습을 하자. 자신의 부족한 점을 보완하자.

1단계: 면접은 나에 대한 이해에서 시작한다.

자신의 향후 진로를 명확하고 구체적으로 정리하자.

면접에서 빠지지 않는 질문 중 하나가 '지원동기 및 향후 학업계획'이다. 지원동기는 지원자가 꿈과 진로설계를 명확하게 세우고 고교 생활 동안 꿈을 이루기 위해 얼마나 노력했는지를 일관성 있고 진정성 있게 보여줄 수 있어야 하므로 명확하고 구체적으로 답변을 준비하자.

학교생활기록부, 자기소개서를 철저히 숙지하라.

학생부종합전형에서 면접고사는 주로 자기소개서 및 학교생활기록부를 중심으로 출제한다. 하게 된다. 그래서 자기가 제출한 서류나 학교생활기록부의 주요 내용에 대해 제대로 답변을 하지 못하면 좋은 평가를 받을 수 없다. 그리고 주요 활동 실적에 대해 활동 기간, 활동내용, 느끼고 배운 점 등을 별도로 정리해두는 것이 좋다. 또한, 자기소개서와 학교생활기록부의 내용 등을 숙지해 면접관의 검증성 질문에 명확하게 답변할 수 있어야 한다.

2단계: 대학의 출제 유형을 살펴 맞춤형으로 준비하자.

학교별 출제 유형을 파악하라.

해마다 새롭게 학생부종합전형을 실시하거나 전년도와 다른 유형의 면접고사를 실시하는 학교가 있으니 먼저 대학교 홈페이지나 입학처에 문의해 학교별 출제 유형을 철저히 파악해야 한다.

논술고사는 대학들이 기출문제 및 모의문제, 해설 등을 홈페이지에 공개하는 경우가 많은데, 면접고사는 대학들이 공개를 안 하는 경우가 있으니 직접 문의해 최대한 정보를 얻는 것이 좋다.

지원대학 및 지원학과의 정보, 졸업 후 진로 등 다양한 정보를 수집하자.

지원학과의 교육 커리큘럼을 유심히 살펴보고 중요 개념이나 용어 등에 대한 학습을 미리 해야 한다.

지원학과의 졸업 후 진출 가능한 분야, 학과에서 배우는 과목, 주요 과목의 학습 내용에 대해 학습이 필요하고, 지원학과가 자신의 진로와 대학생활에 어떻게 도움이 될지를 생각해보면 면접에서 유용하다.

교과서 및 주요 시사이슈로 면접 대비하라.

면접대기실에서 면접 문항이 담긴 질문지를 받고, 준비 시간을 가진 뒤에 면접을 실시하는 대학들도 있다. 대학에 따라 가치관 및 인성 평가, 전공 적합성 평가를 위해 교과서 속의 지문이나 주요 시사 이슈에 관한 질문을 줄 수 있다.

문과라면 사회탐구 과목의 교과서 주요 개념을 정리해두는 것이 좋고, 이과라면 수학과 과학교과서의 주요 개념은 확실히 이해해두는 것이 필요하다.

또한, 최근 2개년 동안의 주요 시사 이슈를 점검하는 것이 좋은데, 시사 이슈를 암기하려고 하지 말고, 자신의 계열과 관련된 소재들을 읽어보는 것이 좋다. 시사이슈의 쟁점과 해법, 관련된 교과 지식 등을 연계해 정리하는 것이 좋다.

3단계: 모의면접으로 철저한 실전대비를 하자.

예상 문제를 만들어 모의면접 테스트를 하라.

실제 면접장에서 지나치게 긴장해 평소보다 제대로 답변을 하지 못하는 경우가 많다. 평소 학교 교실 등에서 카메라를 활용해 모의면접 테스트를 자주 해보는 것이 중요하다. 친구들과 예상 문제와 평가표를 만들어두고, 교대로 모의면접 테스트를 하면 효과적이다. 낯선 상황에 대해 적응할 수도 있고, 추가 질문에 대한 대처 능력을 키울 수 있다.

올바른 면접 태도를 익혀라.

면접에서 가장 중요한 것은 학생다운 태도이다. 모의면접 테스트 촬영 영상을 통해 평소 자신의 면접 태도를 교정하면 실제 면접에 도움된다.

모의면접 동영상을 되돌려보면서 태도, 예의, 말투, 손짓 등의 제스처, 시선 처리 등을 체크하고, 보완하는 것이 효과적이다.

가장 기본이 되는 올바른 답변 요령을 익혀야 한다. 면접관의 사소한 질문이라도 최대한 공손하게 답변해야 한다. 그리고 모든 면접 시 발언은 두괄식으로 조리 있게 논리적으로 답변해야 한다. 지나치게 짧은 답변이나 성의 없는 답변은 불합격의 지름길이니 반드시 피하자.

자주 질문하는 것

우리 학교 및 학과에 지원한 동기는 무엇인가?

교내활동(동아리, 임원, 봉사 등)에서 가장 기억에 남는 경험과 그 과정에서 느낀 점을 말해보시오.

대학 입학 후의 학업계획과 본인의 진로 계획에 대해 말해보시오.

자기소개를 해보시오.(취미, 특기, 장점과 단점, 롤 모델 등)

자기주도학습을 위해 노력한 경험에 대해 말해보시오.

학교생활 중 배려, 나눔, 협력 등을 실천한 사례에 대해 구체적으로

설명해보시오.

교내 동아리 활동 경험에 대해 설명해보시오.

봉사활동을 통해 깨달은 점은 무엇인가?

가장 관심 있게 읽은 책은 무엇이며, 무엇을 배웠는가?

최근 가장 관심을 가졌던 사회 문제는 무엇인가?

📍 대학에서 알려주는 면접 대비 방법

※ 서울대학교가 알려주는 서울대 학생부종합전형 면접 대비법

지역균형 등 서류 기반 면접의 대비법

서류 기반 면접에서는 학생들이 고등학교 생활 동안 경험했던 내용을 바탕으로 면접이 진행됩니다. 제출한 서류를 바탕으로 학생의 경험을 확인하고 기본적인 학업 소양을 평가하기 위한 면접이므로 면접을 위한 별도의 준비가 필요하지 않습니다. 단지, 답변하는 기술과 태도를 측정하는 면접이 아니므로 말투나 태도를 단기간 연습하기보다는 평소에 학교생활을 충실히 하여 깊고 다양한 경험을 쌓는 것이 더 중요합니다.

학교생활기록부나 자기소개서에 담긴 본인의 경험을 되돌아보고 어떤 의미가 있었는지 되짚어 생각해 보는 것이 가장 좋은 면접 대비 방법

일 것입니다. 그리고 10분 내외로 면접위원 앞에서 본인의 생각을 이야기해야 하므로 평소 학교에서 토론이나 발표 시간에 자기 생각을 조리 있게 이야기하는 경험을 하는 것이 도움이 됩니다. 또는 부모님이나 선생님 앞에서 본인의 경험을 이야기해 보는 연습이 면접 당일의 부담을 줄일 수 있습니다.

수시 모집 일반 전형의 제시문 활용 면접 대비법

서울대학교 면접 및 구술고사에서는 고등학교 교육과정 내에서 충분한 학습 경험을 통해 학업역량을 길러온 학생들의 학업 소양을 평가하고자 합니다. 그러기 위해서는 각 교과목 수업을 통해서 해당 과목의 내용을 깊이 이해하고 소화하는 공부가 필요합니다. 학습 과정에서 관련 도서도 찾아 읽고, 토론, 탐구, 과제 등 학습활동을 하면서 더욱 깊이 있는 학습 경험을 하는 것이 중요합니다.

인문학, 사회과학 관련 면접 및 구술고사는 다소 깊이 있는 제시문을 활용하기 때문에 평소에 독서활동을 성실히 하면 면접 및 구술고사에 도움이 됩니다. 단기간의 면접 및 구술고사 준비로는 해결할 수 없으며, 독서와 각 교과목의 깊이 있는 이해가 바탕이 되어야 우수한 학업 소양이 드러나게 됩니다.

자연과학 분야 면접 및 구술고사도 과목에 대한 깊이 있는 이해가 우선되어야 합니다. 그러기 위해서는 평소 단순 문제풀이 위주의 학습에서 벗어나 사고력을 많이 요구하는 문제를 다뤄보거나 관련 이론 등에 대한 이해와 응용 연습을 해 보는 경험도 필요합니다. 고등학교 교육과정의 교과수업 내에서 깊은 생각이 필요한 문항을 만들어 친구들과 토론 학습을 해 보는 경험, 자연과학 이론이나 관심 주제에 대해 문제를 설정하고 고등학생 수준에서 과제를 해결해보고 발표하는 활동 등도 각 교과목에 대한 지식의 폭을 넓히는 방법이 될 수 있습니다. 이러한 과정을 통해서 서울대학교 면접 및 구술고사에서도 본인의 학업 소양을 발휘할 수 있는 역량을 갖추게 될 것입니다.

※ 중앙대학교가 말하는 학생부종합전형 면접 대비법

솔직한 자기소개서를 쓰는 것이 중요합니다.

면접에서는 제출 서류에서 드러난 활동 과정이나 결과를 바탕으로 질문하게 됩니다. 자기소개서를 통해서 자신의 강점을 드러내는 것이 중요하지만, 과장하지 않는 것도 중요합니다. 학교생활기록부나 추천서를 통해 드러나는 역량에 비해 자기소개서에서 기술된 내용이 월등하거나 결과나 과정이 부풀려진 경우에 면접에서 집중적으로 질문할 가능성이 큽니다. 자기소개서를 솔직하고 정확하게 쓰는 것이 면접 준비의 첫걸음입니다.

평가자가 되어 내가 제출할 서류를 바라보세요.

지원자 스스로 평가자의 입장이 되어 자신의 서류를 살펴보고 질문을 예측하고 답변을 준비해 보는 것이 좋습니다. 자기 고교 생활을 회상해 보고 활동마다 배우고 느꼈던 내용을 떠올려 보면서 요약하고 정리해 보는 것이 필요합니다.

친구들과 함께 면접을 준비해 보세요.

우리나라 고등학생들은 아직 남의 앞에서 자신의 의견을 말하는 것에 익숙하지 않은 경우가 많습니다. 친구들과 함께 또는 선생님들 앞에서 긴장 상황을 견딜 수 있는 연습을 하는 것이 필요합니다. 면접시간에 편하고 여유롭게 말할 수 있다면, 아쉬움도 그만큼 덜할 것입니다.

04

학생부종합전형 면접에 대해 가장 많이 묻는 것

◤ 학생부종합전형 면접은 주로 제출한 학생부와 자소서 중심으로 이루어지나요?

학생부종합전형의 면접 유형은 대학별로 매우 차이가 크기 때문에 자신이 지원하는 대학들의 입시요강 및 기출 문제, 예시문제 등을 참고해 준비해야 한다. 일부 대학의 경우 학생부종합전형이지만 제시문을 주는 심층 면접형 면접을 운영하기도 하고, 집단 면접이나 다중 미니면접 등을 실시하기도 한다. 상당수의 대학은 주로 학생부와 자소서 중심으로 면접을 진행하지만, 진행하고 있으나 대학별로 출제경향의 차이가 있으니 반드시 주의하자.

📌 서류평가를 담당한 평가위원이 실제 면접에도 참여하나요?

대학에 따라 차이가 크다. 대학의 전형 방침에 따라 입학사정관을 포함한 서류평가위원들이 실제 면접에도 참여하기도 한다. 하지만 서류평가위원과 면접평가위원이 다를 수 있다는 점을 염두에 두고 면접 대비를 해야 한다.

서류평가 시에는 전체 지원자의 서류를 평가해야 하지만 서류평가를 통해 모집 단위별로 일정 배수(일반적으로 약 2~5배수 사이)를 선발하게 된다.

📌 면접에서는 외모가 뛰어나거나 말 잘하는 학생이 유리한가요?

실제 면접에 참가하는 면접평가위원 중 입학사정관들은 모의면접 등의 과정을 통해 면접 시 평가 기준과 주의사항을 잘 아는 전문가들이다. 또한, 면접평가위원들에게도 사전에 면접 시 공정성을 위한 다양한 자료를 제공하기 때문에 실제 면접에서는 외모와 말솜씨가 큰 영향을 미치지 않는다.

학생부종합전형에서는 학생의 우수성을 파악하기 위한 다양한 추가 질문을 실시하는 경우가 많아 달변가보다는 자신의 잠재력을 정확하고 논리적으로 말하는 학생이라면 좋은 평가를 받을 수 있다.

📌 학생부종합전형 면접 대비는 학원이나 과외를 받아야 하나요?

학생부종합전형의 대학별 면접 유형을 먼저 살펴보고, 교과지식을 묻는 유형이라면, 가장 먼저 기출문제 등을 참고해 교과 실력을 쌓아야 한다. 그리고 일반적인 학생부종합전형 면접이라면 학생부와 자소서를 토대로 예상 문제를 뽑아 학교에서 선생님들과 모의면접을 여러 차례 하는 것만으로도 충분한 대비가 될 수 있다.

학생부종합전형에서는 면접의 스킬보다는 학생 스스로 자기 서류를 잘 이해하고, 모의면접을 통해 여러 차례 연습을 하는 것이 효과적이다.

▌ 제가 지원하는 학과와 관련된 문제가 나올 수 있나요?

대학별로 차이가 있지만, 기본적으로 자신이 지원한 모집 단위에 대한 정보는 충분히 알고 가야 한다. 전공에 대한 이해도를 알기 위해서 모집 단위에서 필요한 적성, 향후 졸업 후 진로 등 기본적인 내용을 물어볼 수 있다.

또한, 학생부와 자소서 등을 검토하면서 학업수학능력이 다소 부족하다고 생각할 경우에는 모집 단위와 관련된 교과의 기본 개념에 대해 물어볼 수 있으니 대비해야 한다.

일반적으로 학과 홈페이지에 커리큘럼, 과목별 세부 내용, 졸업 후 진로 등의 정보가 있으니 면접 전에 반드시 확인하자.

▌ 1단계를 통과하면 면접의 변별력이 중요한가요?

서류평가자 중에서 우수한 학생들을 일반적으로 2~5배수 정도 선발하게 된다.

실제 1단계 통과자 중에서는 전형점수에서 큰 차이가 나지 않는 만큼 반드시 면접 준비를 적극적으로 해야 한다. 교과 성적이나 비교과 실적이 매우 우수하다고 하더라도 면접에서 충분히 자신의 능력을 보여주지 못하면 불합격하게 된다. 또한, 학생부와 자소서에서 지원자보다 매우 우수한 학생이라면 검증성 질문이 많이 나올 수 있으니 당황하지 말고, 성실하게 답변하도록 하자.

Part 6

학생부종합전형
합격을 위한
진로 설계

01

주요 대학의 유망학과와 채용조건형 계약학과

이른바 명문대를 졸업하고도 취업난을 겪는 요즘은 대학들이 집중적으로 육성하는 유망학과들의 인기가 더욱 높아지고 있다. 대학 간판보다 더 중요한 취업 문제를 해결할 수 있는 주요 대학들의 유망학과 정보를 소개한다.

취업 걱정이 없는 주요 대학들의 유망학과와 채용조건형 계약학과들에 대해서 알아보자.

◆ 고려대학교 사이버국방학과

이 학과는 상위 1%의 엘리트 사이버보안 전문장교 양성을 위해 정보보호 교육의 명문 고려대학교와 국방부가 함께 만든 채용조건형 계약학과이다. 재학생들은 4년간 100% 장학금을 지급받게 되며 졸업 후에는 장교로 임관하여 7년 동안 사이버사령부 등에서 사이버국방을 위해 일하게 된다.

매년 30명을 선발하며, 고려대에서 의대를 제외하면 신입생의 입학점수가 가장 높은 학과이다. 암호학·디지털포렌식·국제법·심리학·법학 등 이공계와 인문계 과목에 군사전술전략 내용까지 배운다.

복무 중에 석박사 학위를 따는 것도 가능하며, 대학원 학비도 전액 지원한다.

사이버국방학과는 사이버테러와 사이버전쟁의 위협으로 부터 대한민국을 방어할 최고의 사이버보안 전문장교들로 양성하는 학과로 향후 전망이 매우 밝다.

◆ 서강대학교 아트앤테크놀로지학과

신설학과인 아트앤테크놀로지(Art&Technology)전공의 교과과정은 창의적 기획, 스토리텔링, 가치 창출과 관련된 인문학과 감성 표현, 아트 미디어 디자인 콘텐츠와 관련된 문화예술 그리고 IT융합기술의 구현 및 IT융합기기 신제품 개발과 관련된 공학 등 크게 3가지 영역으로 구성되어 있다.

이 학과는 기본적으로 심화전공과 다전공과정을 운영하며, 두 전공 모두 인터랙티브 아트 트랙(Interactive Art Track)과 엔터테인먼트 테크놀로지 트랙(Entertainment Technology Track)으로 구성되어 있다.

가장 큰 경쟁력은 학생들의 협업 능력과 실무 역량을 극대화하기 위해 프로젝트 중심의 체험학습방식으로 운영된다는 점이다.

프로젝트 교과목은 산업 현장과 긴밀하게 연계되어 진행되며, 다양한 분야의 전문가들이 참여함으로써 학생들은 현실적인 감각 및 현장의 노하우를 습득할 수 있다.

아트앤테크놀로지(Art&Technology)를 전공한 사람이 진출할 수 있는 분야는 다양하다. 국내외 유명 연구소 및 기업에서 다양한 유형의 콘텐츠 및 IT와 관련된 일, 문화예술과 관련된 국공립 또는 민간 기관에서 기획이나 홍보 등과 관련된 업무를 할 수 있다.

◆ 성균관대학교 반도체시스템공학

전기·전자 분야의 각종 첨단기술과의 융합을 통하여 점차 첨단 반도체 분야의 기술 발전을 선도하고, 이에 따른 학계 및 반도체 산업체의 수요에 적극적으로 부응할 수 있는 반도체 맞춤형 고급 기술인력 양성을 목표로 설립되었다.

지난 2006년 신설된 이 학과는 입학생 전원이 4년 전액 장학금을 받는다. 졸업 후 최소 채용절차만 통과하면 삼성전자·삼성디스플레이에 입사할 수 있다. 또 대학원 연계 진학 시 석사까지 전액장학금 및 학업장려금을 지원한다.

1학년 때는 미적분학, 물리, 화학 등 전공 교육을 대비한 기초과목에 대한 교육을 실시하고, 2학년 이후로는 현장실습이나 프로젝트 수행에 많은 시간을 할애 하여 졸업 이후 실무에 빠르게 적응하게 하는 실무 중심의 교육과정을 운영하고 있다.

◆ 성균관대학교 글로벌바이오메디컬엔지니어링

현대사회는 학문과 산업의 경계를 넘어 융합적 사고능력을 바탕으로 창의적으로 문제해결을 할 수 있는 인재를 요구하고 있다. 이러한 시대적 요구를 반영하고, 선제적으로 글로벌 이슈 및 미래선도 학문분야의 새로운 패러다임을 제시하기 위해 성균융합원이 출범하게 되었다.

성균융합원은 다학제간 창조적 융복합 교육과 연구를 통하여 융합적 사고 능력을 함양하고 동시에 국제화 시대에 맞는 전문 지식을 갖춘 글로벌 창의리더 양성과 의공학의 중점분야 (뇌과학, 생체재료, 첨단의료기기) 개척을 통한 세계최고수준의 글로벌 바이오 분야 전문인력 양성을 목표로 하고 있다.

광범위한 BME 분야의 개괄적 교육이 아닌 3가지 중점 분야인 첨단의료기기, 생체재료, 뇌과학분야로 특화된 교육과정을 운영한다. IBS 뇌과학이미징연구단의 세계적 수준의 전임교수 및 첨단인프라(전용건물, MRI 등)를 활용하여 차별화된 교육을 제공하고, 기준성적 충족 시에 재학생 전원에게 등록금 전액을 장학금으로 지급하며, 매주 연구활동 참여시 연구 장려금까지 지급한다.

미래 성장성이 기대되는 신설학과로 졸업 후에는 대학이나 연구소, 공공기관, 병원 등에서 취업할 것으로 예상한다.

◆ 세종대학교 국방시스템공학과

이 전공은 세종대와 군이 업무협약을 통해 신설한 계약학과이다. 재학생들은 4년간 해군 장학생으로 선발되어 학자금 전액을 지원받으며, 졸업 후에는 7년간 해군 장교(소위)로 임관하게 된다. 장교 근무 중 국내외 대학원에서 국비로 석·박사 학위 취득이 가능하며 다양한 연수 기회도 주어진다.

국방시스템공학과는 해군 전액 장학금을 지원받아 정보과학화 속에 점차 첨단화되어 가는 국방 무기체계의 개발 및 운용을 위한 공학적 전문 지식, 덕성과 역량을 겸비한 해군 기술 장교 양성을 위한 교육과정을 제공한다.

이를 위해 무기체계의 공학적 원리를 이해하고 과학기술군을 선도하는 전문가가 지녀야 할 자질 함양을 위하여 군사과학기술 분야에 대한 교과목을 편성하고 있으며, 군의 핵심간부로서 자질함양을 위하여 국방정책 및 전략에 대한 교육 과정도 제공한다. 특히, 해군함정/항공기/잠수함 및 첨단 무기체계와 관련된 제어공학, 신호처리, 시스템공학, 컴퓨터공학, 통신 및 전파공학 등의 전자 및 정보통신공학 분야와 역학 및 로봇공학 등의 기계공학 분야 등의 교과목을 중점적으로 개설하고 있다.

◆ 세종대학교 항공시스템공학과

공군과 계약을 통해 2013년에 신설한 학과로 공군 장교로 임관할 수 있어 수험생들에게 인기를 얻고 있다. 대학 4년간 전액 장학금을 받을 수 있으며, 졸업 후 장교 훈련을 거쳐 공군소위로 임관하게 된다.

비행교육 수료자의 경우 공군 조종사로 13년간 복무하며, 비행교육 중도 탈락자의 경우 전문분야별 장교로 7년간 복무하게 된다. 공군 장교로 취업 후 의무복무 기간을 마치면 공군에서 계속 복무하거나 민간항공 조종사 또는 관련 분야의 방위산업 기업체에 근무할 수 있다.

군사 분야 전공은 이론 학습과 실제 경험 및 견학을 통해 군사전략, 작전, 운용개념, 무기체계, 항공전쟁사 및 리더십 이론 등을 연구하며, 공학분야 전공은 첨단 항공우주과학에 관련된 시스템공학, 제어공학, 컴퓨터공학, 통신전자공학 및 기계공학 등을 중점적으로 전공 이수한다. 또한, 공과대학 내 항공우주공학, 기계공학, 국방시스템공학, 정보보호공학과 중 복수전공을 할 수 있어 개인의 소질과 역량을 극대화할 수 있다.

◆ 숭실대학교 금융학부

숭실대 금융학부는 전문성과 윤리의식을 겸비한 균형 잡힌 금융인을 양성하고 글로벌 금융시장으로 진출시켜 미래 금융산업 발전을 선도하는 인재 양성을 목적으로 개설되었다.

차세대 금융리더가 갖추어야 할 학문적 수월성, 금융 분야 전문성 및 도덕성을 토대로 CFA, CFP/AFPK 또는 FRM 등 금융전문가 경력관리에 필요한 교육과정을 제공하고, 해외 어학연수, 금융기관 현장실습 및 자원봉사 프로그램도 시행한다.

박사학위 후 숭실대 교수채용에 우선 배려한다.

졸업 후에는 은행, 증권사, 자산운용사, 보험사 등 금융기관과 금융, 증권, 보험, 경영, 경제 관련 연구소, 기업체의 대기업 및 중소기업의 재무 및 위험관리 책임자로 진출할 수 있다.

◆ 아주대학교 국방디지털융합학과

2015학년도에 신설되어 졸업 후 100% 공군과 장교로 임관되는 계약학과로, 최정예 국방·항공 ICT(정보통신기술) 전문 장교 양성이 목적이다. 이곳에서는 공군의 네트워크 중심전(NCW: Network Centric Warfare) 전장환경 구축·운용을 위한 전문 정보통신기술 장교를 양성한다.

정보컴퓨터공학과·소프트웨어융합학과 교수가 기초 및 응용과목을, 공군에서 20년 이상 복무한 예비역 장교가 군사학 과목을 강의하고, 국방디지털융합학과 신입생에게는 파격 혜택이 주어진다. 공군이 4년간 전액 장학금을 지원하며 졸업 후 공군 정보통신 장교로 임관한다. 성적우수자의 경우 기숙사비 및 학업 장려금을 추가로 지원받을 수 있다. 채용조건형 계약학과여서 장교로 임관해 7년간 의무복무해야 한다.

입학전형 과정에서 거치는 신체검사·체력검정·인·적성검사·신원조사(공군 주관 항목)의 경우 점수화하지 않고 적격성 여부만 판정한다.

◆ 이화여자대학교 융합콘텐츠학과

융합콘텐츠학과는 뉴미디어 기술과 엔터테인먼트의 융합을 통해 다양한 콘텐츠를 망라하는 엔터테인먼트 융합 인재 양성을 목표로 설립되었다. 또, 전공과 산업 간 연계성에 따라 다양한 진로 설정 및 기업 진출의 기반을 확립하고 있다.

인문학과 디자인 및 ICT의 융합을 통해 하이컨셉, 하이터치의 21세기를 선도하는 첨단 융합콘텐츠산업 전문 인력을 양성하는 것과 게임 드라마 등의 문화콘텐츠 기획과 IT산업의 서비스 기획에 최적화된 글로벌 인재 양성을 목표로 한다.

졸업 후에는 게임기획자, 게임시나리오 작가, 드라마 작가, 콘텐츠 기획자, IT 서비스 기획자, 프로그램 디자이너, UI/UX 디자이너 등 다양한 분야로 진출할 수 있다.

◆ 인하대학교 글로벌금융학과

인하대 글로벌금융학과는 국내 최초 금융기관 경영 및 재무금융 전문학과로서 금융에 특화된 차별화된 교과과정을 가지고 있다.

글로벌금융학과의 교과과정은 금융전공 지식의 심화와 함께, 금융기관과 기업체의 니즈를 반영하여 설계된 실사구시형 금융 실무 전문가의 양성을 위한 맞춤 교과과정이라고 할 수 있다. 또한, 수학, 통계학 분야와의 연계성을 지닌 교과과정을 통하여 금융공학과 관련된 심화학습을 할 수 있다. 이러한 금융분야의 전문적인 교육과정은 아시아−태평양 지역에서 글로벌경쟁력을 갖춘 최상의 인재를 양성하겠다는 의지가 돋보인다.

졸업 후 은행, 증권회사, 보험회사 등의 국내외 금융기관과 국내외 기업체의 재무·기획부문이나 증권, 금융, 경제 관련 연구기관 및 컨설팅 회사를 준비할 수 있으며, 대학원에 진학하여 후학들을 가르칠 수 있다.

◆ 중앙대학교 산업보안학과

산업보안이란 조직이 보유하고 있는 유·무형 자산(기술, 인력, 장비, 정보 등)을 보호하고, 손실을 방지하기 위한 다차원의 학문을 연구한다. 국가 사회에서 시급히 요구하고 있는 보안전문가를 양성하기 위해 정보통신기술, 조직경영, 법/윤리 등 관련 요구 지식을 교육함으로써 인간 중심의 스마트 융합보안을 추구하며 산학협력을 통해 이론과 실무를 겸비한 차세대 보안전문가를 양성하고 있다.

다양한 산학협력 기회(산업체 특강 등)를 통해 업무 현장에 직접 적용 가능한 실무형 교육 프로그램을 운영하며, 글로벌 보안 인재 양성을 위해 전 과목 80% 이상 원어 강의 및 토론식 수업을 운영한다. 정보보호 전담 공무원 제도(정보보호 분야(직류))가 신설되어 공무원으로서 국가 및 정부행정기관에 취업할 수 있는 기회가 확대되어 국가 및 공공, 금융기관의 정보보안 책임자 의무화 등 전문커리어로서 성장할 수 있다.

◆ 중앙대학교 컴퓨터공학부 소프트웨어전공

우수한 소프트웨어 전문가와 현장 맞춤형 소프트웨어 인재를 기르기 위해 중앙대가 삼성전자·LG전자와 업무협약을 맺고, 컴퓨터공학부 내에 신설한 특성화 전공이다. 2015학년도에 신설한 학과로 성적에 따라 4년 전액 장학금 등 다양한 혜택이 있다.

1, 2학년 때는 학교에서 40명 전원 전액장학금을 지급하고 3, 4학년에는 대부분 학생들이 삼성전자, LG전자와의 협약으로 협약에 의해 전액 장학금을 받고 해당 기업에 취업을 보장받는다.

수요기반의 산학협력 중심 커리큘럼을 통해 기업에 특화된 소프트웨어 전공을 집중적으로 교육하며, 기업체의 수요가 반영된 커리큘럼을 운영한다. 향후 발전 가능성이 매우 높은 분야로 전망이 매우 밝다.

◆ 한양대학교 미래자동차공학과

한양대학교의 다이아몬드 7학과(파이낸스 경영학과, 정책학과, 행정학과, 융합전자공학부, 소프트웨어 전공, 에너지공학과, 미래자동차공학과) 중 하나로, 파격적인 장학금 혜택과 취업 지원 등 다양한 혜택이 있다. 현대자동차를 비롯한 국내외 글로벌 기업과의 협약을 거쳐 2011년에 신설되었으며 입학생 전원은 입학금 및 4년 등록금도 전액 면제된다.

환경 및 인간 친화형으로 대변되는 미래자동차(지능형 자동차, 하이브리드 자동차, 전기 자동차, 연료전지 자동차)개발을 위해서는 기계공학, 전기/전자공학, IT/소프트웨어, 재료공학 등 다양한 분야의 기술융합이 필수적이므로 이 분야의 융복합 기술을 중점적으로 교육하여 창의적인 글로벌 기술 인력을 배출하고자 한다.

미래자동차공학과에서는 수학, 기초과학, 기계공학, 전기 전자공학 등 자동차의 설계 및 연구개발에 필요한 기초학문을 배우고, 이들을 융합하여 다양한 융복합 문제를 인식하고 분석하여 해결할 수 있는 능동형 글로벌 인재를 양성한다.

미래자동차의 핵심 기술을 개발하고 선도하기 위하여 컴퓨터지원 설계 및 해석, 자동제어, 디지털 논리설계, 운영체제(OS), 임베디드 시스템 등을 배운다. 이를 바탕으로 미래 스마트·그린자동차 요소기술을 개발하고 이를 창의적으로 해결하는 능력을 배양하기 위하여 자율주행로봇, 소프트웨어, 통신네트워크, 마이크로프로세서 응용, 전동기 응용, 전자공학 등도 배운다. 전공과목에서는 실험/실습 및 프로젝트를 병행 하여 수업이 이루어진다.

◆ 한양대학교 소프트웨어전공

소프트웨어전공 역시 다이아몬드 7학과 중 하나로, 미래 IT 시장을 주도하고 고부가가치를 창출하는 소프트웨어 산업에서의 글로벌 인재 양성을 목표로 한다.

컴퓨터공학에 기반을 둔 다양한 전공 이론 지식과 이를 혁신적인 서비스로 구현할 수 있는 실무 소프트웨어 개발능력을 갖출 수 있도록 최신 교육환경과 첨단 강의 및 실습실을 새로이 구축하고 혁신적인 프로젝트 중심의 교육과정을 시행하고 있다. 또한 창의성 증진을 위한 심화 학습 및 훈련 그리고 팀워크 및 리더십 함양을 위한 다양한 프로그램을 운영하고 있다.

합격자 전원에게 전액 장학금이 지급되며, 한양대 석·박사 과정 진학 시 장학생 우선선발, 졸업 후 삼성전자 취업 보장 등의 혜택을 받을 수 있다.

◆ 한국외국어대학교 LD(Language&Diplomacy)학부

한국외대는 'Language&Diplomacy'(LD)학부를 개설해 외교부, 국제기구 고위 공직자 출신의 교수진을 통해 국제관계 전문 교육프로그램을 운영하고 있다. 우수한 신입생을 대상으로 각종 장학금 혜택(4년 전액 장학금 등)과 특전(장학금, 글로벌인턴십 및 파견·교환학생 우선 배정 등), 국제전문인력 양성을 위해 다양한 프로그램(노르웨이 PRIO 및 미국 Georgetown University 외교연구소 등 해외우수연구기관 연수)을 제공한다.

특히 L&D학부는 한국외국어대학교의 강점인 우수한 외국어교육프로그램을 바탕으로, 영어와 제2, 제3 외국어에 능통한 인재를 양성하고 국제정치학, 경제학, 국제법 등 융합교육을 지향하며 국립외교원 시험 등 각종 국제전문인력 선발시험 합격에 필요한 최적의 교육프로그램을 제공하고 있다.

졸업 후에는 외교관(국립외교원 후보자과정 이수), 국제기구(JPO 인턴십 이수), 국제교류기관, 국가정보기관, 통역사, 다국적기업 등으로 진출할 수 있다.

※ 채용조건형 계약학과

대학의 계약학과는 산업체의 요구에 따라 특별 교육과정을 설치해 운영하는 학과로, 2015년 4월 기준으로 143개 대학에서 636개 계약학과를 운영하고 있다.

계약학과의 유형에는 크게 2가지가 있는데, 특별교육과정 이수 후 채용될 수 있는 채용조건형 학과와 산업체 직원의 재교육을 위한 재교육형이 있다.

채용조건형 계약학과는 수도권 대학과 대기업 위주로 운영되고 있으며, 등록금 부담이 적고 취업에 유리하다는 장점이 있어 최근 수험생에게 많은 인기를 얻고 있다.

　채용조건형 계약학과는 주로 수도권 공학계열에 많고, 최근 모집규모가 증가하고 있어 앞으로도 확대될 가능성이 높은 만큼 취업을 우선적으로 고려하는 수험생이라면 적극적으로 고려하는 것이 좋다.

주요 대학의 채용조건형 계약학과 (교육부 2013년 4월 기준)

학교명	학과명	학사	석사	박사	산업체
가천대	게임프로젝트트랙	50			한국콘텐츠진흥원
	모바일소프트웨어학과	28			정보통신산업진흥원
경남과학기술대	스포츠산업학과	9			경남체육회
경북대	전자공학부 모바일공학전공	76			㈜삼성전자
광운대	임베디드 SW공학과		11		세미솔루션 등
남서울대	융합비즈니스학과	1			㈜전화성통신연구소
부산대	차세대전자기판회로학과		26		㈜삼성전기
상명대	지식보안경영학과		10		한국인터넷진흥원
서경대	미용예술학과		12	16	케이엔아이
서울과학기술대	SW분석/설계학과		7		정보통신산업진흥원
서울시립대	경영학과(EMBA)		20		서울메트로 등
성균관대	반도체시스템공학과	357			㈜삼성전자
	IT융합학과		30	11	㈜삼성전자
	이동통신전력전자공학과		16		㈜삼성전자
	글로벌건설엔지니어링학과		20		㈜삼성물산
	임베디드 소프트웨어학과		11		정보통신산업진흥원
세종대	국방시스템공학과	57			㈜삼성물산

학교명	학과명	학사	석사	박사	산업체
숭실대	스토리텔링경영학과	40			한국콘텐츠진흥원
	정보보안학과		24		정보통신산업진흥원
연세대	지식서비스보안		24		한국인터넷진흥원
예원예술대	스포츠격기에이전시학과	17			한국무예원 인천지부
전주대	탄소융합공학과		38		전북테크노파크
충남대	해군학과	43			해군본부
	차세대전자회로기판학과		24		㈜삼성전기
충북대	정보보호경영학과		19		한국인터넷진흥원
	비즈니스데이터융합학과		31		정보통신산업진흥원
한독미디어 대학원대학	입체영상미디어학과		11		한국콘텐츠진흥원
한림대	유비쿼터스 게임공학과	38			한국콘텐츠진흥원
한양대	차세대전력변환시스템공학과		13		㈜삼성전기

02

학년별로 꼭 해야 할 진로 설계 TIP

2015년 미국 시사주간지 타임이 발표한 2022년 5대 유망 직종에는 방사능 의료기술자, 의료장비 수리 전문가, 인터넷 보안 전문가, 보건·웰빙 교육전문가, 상담 심리 치료사 등이 있다. 물론, 우리나라와 다른 미국의 특성을 감안해 이해해야 한다. 하지만 중요한 것은 전통적인 인기 직업 중에서 앞으로 급격한 사회 변화로 몰락할 수 있는 직종이 많고, 지금 수험생들은 지금의 인기 직업이 아니라 향후 10년 후 유망 직업을 선택해 준비해야 한다.

학생부종합전형의 확대 등 입시제도의 변화로 인해 진로 교육이 최근 확대되고 있지만, 아직 수험생의 진로 계획은 부족한 면이 많다.

입시를 준비하면서 상대적으로 먼 미래인 직업에 대해 소홀히 할 때가 많은데, 취업난이 심각한 요즘 사회에서는 대학의 인지도뿐만 아니라 향후 취업 가능성을 염두에 두고 입시를 준비하는 것이 좋다.

직업정보는 시중에서 찾기가 어려운데, 커리어넷과 워크넷 등 진로 관련 사이트를 활용하면 진로의 다양한 정보뿐만 아니라 각종 진로검사 등을 무료로 이용할 수 있어 많은 도움을 얻을 수 있다.

※ 학년별로 꼭 해야 할 진로 설계 핵심 포인트

학년	체크 사항
1	진로적성 검사 후 희망 진로 및 직업 정보 알아보기 희망 대학의 학과에서 구체적인 학과 정보 살펴보기 동아리 및 대학교 모의전공 체험 등을 활용해 진로를 설계하기
2	동아리 및 대학교 모의전공 체험 등을 활용해 진로를 설계하기 희망 직업의 전문가를 만나 구체적인 준비 과정 및 향후 비전 확인하기 희망 직업과 관련된 다양한 독서를 통해 다양한 정보 수집하기
3	합격 가능성을 감안한 구체적인 목표 대학과 학과 설정하기 대학교 입시요강 및 학과 홈페이지를 통해 다양한 정보 수집하기 모집 단위별로 수시 및 정시 전형별 선발 방법 등을 구체적으로 확인하기 대학교 등록금 및 장학금 등 학과별 특전 확인하기

중학교 때에는 막연하게 자신이 하고 싶은 일과 직업 중심으로 진로를 설계하지만, 고등학교 입학 후에는 대학입시라는 관문이 있어 현실적인 고민을 해야 한다.

특히, 최근 학생부종합전형이 확대되면서 자신의 적성과 흥미, 성적 등을 감안해 현실성 있는 진로를 설계해 미리 1학년 때부터 체계적으로 준비하는 것이 매우 중요해지고 있다. 그러나 학년별로 자신의 적성과 흥미에 따라 희망 직업 및 희망 진로가 얼마든지 달라질 수도 있다는 점을 감안해야 한다.

대부분 고등학교에서는 고등학교 1, 2학년 때에 교내 경시대회, 동아리 활동, 진로활동, 봉사활동 및 독서 등 대부분의 비교과를 준비할 것을 권하고 있다. 실제로 고등학교 3학년 때에는 4차례의 전국연합학력평가와 2차례의 평가원 모의고사, 4차례의 중간고사 및 기말고사 등이 있어 현실적으로 비교과 준비에 많은 시간을 투자하기가 어렵다.

고등학교 1학년 때부터 미리 자신의 진로 계획을 세워두지 않는다면 실제 수시 모집 및 정시 모집에 지원할 경우 학생부교과 성적 및 수능 성적에 따라 지원하게 되어 대학 입학 후에 적응에 어려움을 겪을 가능성이 높다.

상대적으로 여유가 많은 1, 2학년 때에 미리 동아리 활동을 비롯해 다양한 활동을 통해 자신의 적성과 흥미를 파악하고, 다양한 진로를 고민하는 것이 좋다. 특히 학생부종합전형이 확대되면서 대학들이 일선 고교의 수험생을 위해 다양한 모의전공 체험 등을 진행하거나 지방자치단체 등에서 입시설명회 및 직업박람회 등을 개최하는 경우도 많기 때문에 적극적으로 참여해 평소 막연하게 생각했던 진로에 대해서 구체적인 정보를 얻고 실질적인 입시 준비 TIP을 얻는 것도 중요하다.

고등학교 1학년 때에는 모의고사 및 학교 내신 성적뿐만 아니라 진로 적성검사 결과 등을 토대로 자신의 적성과 흥미에 맞는 다양한 직업군에 대한 정보를 수집하는 것이 좋다. 학교 내신 성적 및 모의고사 성적이 학년에 따라 향상될 수도 있다는 점을 감안해 폭넓게 고민하는 것이 좋다.

2학년 때에는 동아리 활동 및 대학교 등에서 주최하는 모의전공 체험 등 다양한 활동을 통해서 자신이 희망하는 직업에 대해 보다 구체적인 정보를 얻는 것이 중요하다. 또한, 희망 직업군의 전문가를 직접 만나서 희망 직업에 필요한 적성 및 특기, 실제 졸업 후 진로 등 현실적인 조언을 구하는 것도 중요하다.

3학년 때에는 현실적으로 대학 입시를 준비해야 하기 때문에 대학교 학과 홈페이지 및 모집요강 등을 통해 입시전형 및 선발 방법, 지원 가능한 성적 등을 파악해야 한다. 학생부종합전형에 지원하는 수험생이라면 자기소개서와 추천서 등을 요구하는 대학이 많아 대학의 인재상 및 학과의 커리큘럼, 졸업 후 진로 등 다양한 정보를 꼼꼼하게 확인해야 한다.

※ 진로가 막막하다면 다양한 진로사이트를 활용하자.

◆ 한국직업능력개발원의 커리어넷 활용하기

커리어넷(www.career.go.kr)은 한국직업능력개발원에서 운영하며, 수험생이 이용할 수 있는 다양한 정보가 많다.

커리어플래너 서비스는 학생 개인의 진로와 학습 활동에 대한 일정 및 기록을 등록하고, 관리할 수 있다. 뿐만 아니라 개인 일정 관리가 가능하며, 한국직업능력개발원에서 운영하는 다양한 진로와 직업과 관련된 커리어넷 서비스에 대한 조회도 가능하다.

　수험생들이 적성에 맞는 직업을 찾고 싶을 때에는 수많은 직업 정보를 찾아보기보다는 직업적성검사, 직업흥미검사, 직업가치관검사, 진로성숙도검사를 먼저 이용해보는 것이 좋다. 그리고 직업과 학과정보, 진로동영상, 커리어플래너 등의 콘텐츠를 이용하면 자신이 궁금한 직업의 다양한 정보를 얻을 수 있고, 진로상담 코너에서 무료로 전문가의 상담을 받을 수 있다. 그리고 실제 대학의 전공교수들과 전공과 관련한 인터뷰도 동영상으로 제공하고 있어서 평소 제대로 알지 못했던 전공 지식도 얻을 수 있다.

◆ 한국고용정보원의 진로교육센터 활용하기

　한국고용정보원은 워크넷(www.work.go.kr) 및 진로교육센터(www.jobvideo.or.kr) 등을 운영하고 있다.

　워크넷은 성인도 이용할 수 있는데, 수험생들이 이용할 수 있는 정보는 직업정보 및 심리검사 등이다. 특히 진로발달검사 및 고교계열흥미검사, 대학 전공(학과) 흥미검사 등은 대입 수험생에게도 유용하다. 자신의 적성에 맞는 직업 및 학과를 제대로 찾지 못한 학생이라면 워크넷의 검사를 활용해보자.

　그리고 한국고용정보원의 진로교육센터의 웹사이트에 방문하면 직업동영상 및 학과정보 동영상 등을 무료로 볼 수 있다. 동영상을 다운로드도 할 수 있어서 평소 알고 싶었던 다양한 직업 및 학과 관련 동영상을 미리 다운받아서 시간이 날 때마다 보는 것도 좋은 방법이다.

◆ 창의인성교육넷 크레존 활용하기

창의인성교육넷 크레존(www.crezone.net)은 전국의 다양한 창의적 체험 활동 정보와 창의·인성 교육 전문자료(수업모델 및 우수사례, 현장포럼, 사제 동행 e-book 등)를 모두 만나볼 수 있는 창의·인성 교육 플랫폼이다.

크레존에서는 학생부종합전형에 대비하여 자신에게 적합한 창의적 체험활동 자원 및 프로그램들을 다양한 검색 조건으로 찾아볼 수 있고, 창의·인성 모델학교, 창의·인성 수업모델, 창의·인성 수업연구회 등 각 분야 전문가들이 개발한 각종 창의인성교육 전문자료들을 이용할 수 있다.

창의적 체험활동 검색 결과가 역사체험·과학기술·인문사회·예체능· 보건·녹색·기타 등 항목별로 나누어 검색할 수 있어 원하는 창의적 체험활동을 쉽게 찾을 수 있는 장점이 있기 때문에 자신에게 필요한 활동이 있는지를 알아보는데 많은 도움이 될 수 있다.

[진로 관련 사이트]

기관명	사이트
한국직업능력개발원의 커리어넷	www.career.go.kr
한국고용정보원의 진로교육센터	www.jobvideo.or.kr
한국고용정보원의 워크넷	www.work.go.kr
한국진로상담연구원	www.kcci.ne.kr
창의인성교육넷 크레존	www.crezone.net
한국잡월드	www.koreajobworld.or.kr

◆ 10년 후 직업전망이 좋은 상위 20개 직업

한국직업능력개발원에서는 2014년에 '한국의 직업지표 연구'를 통해 10년 후 전망이 좋은 상위 20개 직업을 선정했다.

우리나라 412개 직업을 대상으로 10년 후 전망이 좋은 직업을 조사한 '한국의 직업지표 연구'에 따르면 '가스·에너지 기술자 및 연구원'의 전망이 가장 좋았다. 이어 '보건위생 및 환경 검사원', '항공기 정비원', '음식 서비스 관련 관리자', '사회복지사' 등의 순으로 전망이 밝았다.

아울러 10년 뒤 보상이 가장 향상될 것으로 기대되는 직업에는 '항공기 정비원'이 꼽혔고, '경영 및 진단 전문가', '보험 및 금융상품 개발자', '항공기 조종사', '보험 심사원 및 사무원' 등이 뒤를 이었다.

일자리수요가 가장 좋아질 것으로 예상되는 직업은 '사회복지사'로 나타났고, '음식 서비스 관련 관리자', '임상심리사 및 기타 치료사', '메이크업 아티스트 및 분장사', '피부미용 및 체형관리사' 등 순이었다.

또, 고용안정이 가장 향상될 직업에는 '가스, 에너지 기술자 및 연구원'이, 발전 가능성이 가장 향상될 직업에는 '귀금속 및 보석 세공원', 근무여건이 가장 양호해질 직업에는 '공예원'이 1위로 선정됐다.

[10년 후 직업전망이 좋은 상위 20개 직업]

순위	직업명	순위	직업명
1	가스 · 에너지 기술자 및 연구원	11	자연과학 연구원
2	보건위생 및 환경 검사원	12	수의사
3	항공기 정비원	13	상품기획 전문가
4	음식 서비스 관련 관리자	14	판사 및 검사
5	사회복지사	15	보험 심사원 및 사무원
6	생명과학 연구원	16	항공기 조종사
7	소방공학 기술자 및 연구원	17	관제사
8	경영 및 진단 전문가	18	임상심리사 및 기타 치료사
9	재활용 처리 및 소각로 조작원	19	경찰관
10	자동조립라인 및 산업용 로봇 조작원	20	소방관

03

지원 학과에서
꼭 알아야 할 핵심 정보

학생부종합전형에 지원하는 학생이라면 반드시 실제 지원하는 대학의 학과 홈페이지와 전공안내서 등을 참고해 학과의 세부적인 정보를 확인해야 한다.

대다수 대학에서 학과 홈페이지를 운영하는데, 대학에 따라서 정보의 양에 큰 차이가 있다. 학과 홈페이지를 자세히 운영하는 대학은 학과 홈페이지만 제대로 활용해도 자기소개서 작성 등에 큰 도움을 받을 수 있다.

학생부종합전형에서 학생을 평가하는 가장 중요한 기준 중의 하나가 바로 '전공 적합성'이다. 자신이 대학 입학 후에 배우고 싶은 분야에 대한 이해와 더불어 자신의 역량이 지원 분야에 알맞은 인재라는 점을 보여줘야 한다. 이때 가장 필요한 것이 학과 홈페이지의 세부 내용을 살펴보는 것이다.

　최근 대학들이 학생부종합전형을 확대하면서 고등학교 1, 2학년들을 대상으로 각종 전공체험 행사를 하는 경우가 많으니 적극적으로 참여해 보도록 하자. 입학사정관과 학과 관계자의 조언을 통해 보다 실제적인 도움을 얻을 수 있다.

※ 학과 홈페이지에서 꼭 확인해야 할 핵심 정보

구분	중요도	주요 내용
학과소개	☆ ☆ ☆ ☆ ☆	입학처 홈페이지에서 주로 확인할 수 있는데, 기본적인 학과 전망과 교수진 소개, 교과목 소개, 졸업 후 진로 등을 간략하게 제공한다.
전공안내서	☆ ☆ ☆ ☆ ☆	최근 학생부종합전형 등이 확대되면서 대학들이 자체적으로 전공안내서 등을 책자로 제공하거나 홈페이지에서 제공하는 경우가 많다. 학과별로 세부 커리큘럼 및 학과 동아리 등 상세한 정보가 많다.
졸업 후 진로 및 향후 전망	☆ ☆ ☆ ☆ ☆	학과의 졸업 후 진로 등을 참고하고, 취업현황 등을 감안해 학과의 유망도를 감안해야 한다. 또한, 졸업 시 취득할 수 있는 자격증도 검토해야 한다.
입시결과	☆ ☆ ☆ ☆ ☆	기본적으로 입학처 홈페이지에서 2개년 경쟁률 및 합격자 성적, 추가 합격자 현황 등의 정보를 확인해야 한다.
학과 특전	☆ ☆ ☆ ☆ ☆	학과에 따라 장학금 및 해외 연수, 기숙사 입사 등 다양한 혜택을 제공하는 경우가 있다. 또한, 일부 학과의 경우 취업 혜택까지도 제공하는 경우가 있으니 꼭 확인하자.
학과커리큘럼 및 교과목 소개	☆ ☆ ☆ ☆ ☆	지원학과에서 실제로 배우는 교육과정 및 전공과목 등에 대해 구체적인 내용을 확인해야 한다. 자신의 지원동기 및 대학 입학 후의 학업계획과도 연관성이 높다.
복수전공 및 전과 등 규정	☆ ☆ ☆ ☆ ☆	대학에 따라 복수전공 및 다전공 등 다양한 제도를 운영하고, 전과 및 교직 이수 등에 대한 세부 규정도 면밀히 파악해야 한다.

🖊 학과 교과목 소개

자신이 지원하는 학과에서 대학 입학 후에 배우는 다양한 교과목에 대해 자세히 알지 못하는 수험생이 많다. 남과 차별화된, 구체적인 진로 설계를 위해서는 대학 및 학과의 인재상뿐만 아니라 학과에서 실제로 배우는 다양한 교과목에 대해 구체적인 정보를 파악해야 한다. 특히, 자기 소개서 및 면접 등에서 학과에 대한 관심도 및 전공에 대한 적합성 등을 보여줄 수 있기 때문에 구체적으로 확인해야 한다.

대다수의 대학에서는 아래의 중앙대 국제물류학과처럼 학년별로 배우는 교과목을 간략하게 소개하는 경우가 많다. 보다 자세한 정보를 얻기 위해서는 학과 홈페이지를 방문해 세부 교과목 소개 자료를 참고하고, 전공기초와 전공필수과목 등에 대해서 자신이 흥미 있는 과목들을 중심으로 살펴보도록 하자.

중앙대학교 국제물류학과 교과목 소개 자료

학년	1학기	2학기
1	물류관리론, 경영학원론, 경제학원론, 비즈니스커뮤니케이션 I , 물류영어 I	회계학원론, 비즈니스커뮤니케이션 II , 물류영어 II
2	물류계량분석, 국제물류론, 물류시스템분석, 국제경영론, e-비즈니스	무역실무론, 국제물류와 정보, 공급사슬관리,OR(Operations Research)
3	국제상거래법, 해상운송론, 국제복합운송, 국제물류전략, 국제마케팅	국제보험론, 항만관리론, 선박금융, 보관하역론, 국제물류 해외연수
4	항공운송론, 물류관련법, 항만운영시스템, 물류 인턴십	물류정책론, 국제물류시장분석, 물류혁신사례연구

❧ 복수 전공 및 부전공 등 전공 안내

학과보다 대학을 우선시하는 수험생과 학부모라면 대학 입학 후에 복수전공 및 다전공, 부전공 등을 노리거나 전과 등을 고려하는 경우가 많다. 대학에 따라 세부 규정에 차이가 크므로 반드시 지원 대학의 홈페이지에서 구체적인 규정을 살펴야 한다. 특히, 교직이수나 전과 등은 대학에 따라 성적에 따른 인원 제한이 있는 경우가 있다는 점을 감안하자.

❧ 졸업 후 진로 및 취득 자격증

대학 및 학과 선택은 취업을 염두에 두고 선택해야 하기 때문에 학과별로 졸업 후 진로 정보를 구체적으로 확인할 필요가 있다. 그래서 학과 졸업 후 취득할 수 있는 자격증에 관심을 갖는 것이 좋다. 최근 대학별로 학과명이 유사한 경우가 많은데 실제 졸업 후에 자격증 응시 여부가 다른 경우가 있으니 주의하자.

또, 졸업 후 다양한 진로 중에서 자신이 희망하는 분야로 진출하는데 진출하기 위해서 필요한 내용을 구체적으로 확인해야 한다.

연세대학교 문헌정보학과의 졸업 후 진로 중 사서 관련 내용 예시 자료

사서는 도서관에서 이용자의 편의를 위해 서적, 정기간행물, 시청각자료 등을 수집하고 일정한 기준에 따라 분류, 정리, 보관하는 업무를 수행한다. 최근 들어 도서관은 서적, 신문, 잡지 등의 인쇄자료 외에도 레코드, CD, 마이크로필름이나 슬라이드 등의 멀티미디어 자료도 많이 소장하고, 인터넷을 설치하여 이용자에게 쉽게 정보를 검색할 수 있게 도와주는 전자도서관도 출현하고 있다. 이러한 디지털도서관의 출현으로 도서관을 담당하는 사서들의 역할이 더욱 확대되었으며, 훨씬 고도의 전문 지식을 요구하게 되었다.

사서가 되려면?

우선 전문대학이나 대학교의 도서관학과, 문헌정보학과 등 관련 학과를 졸업하는 방법이 있다. 관련 자격으로는 한국도서관협회에서 발급하는 1급 정사서, 2급 정사서, 준사서 자격증이 있다. 전문대 이상의 도서관학 관련 학과를 졸업하면 준사서 자격이 주어지고, 4년제 대학에서 관련 학과를 졸업하면 2급 정사서 자격이 주어진다. 대학원에서 관련 학과를 전공하고 도서관에서 5년 이상 근무하면 1급 정사서 자격이 주어진다. 1급 정사서 정도가 되려면 대학에서 관련 학문을 전공한 사람도 긴 시간과 노력이 필요하다.

04

선배들이 알려주는
학생부종합전형 합격 비결

　실제로 학생부종합전형에 합격한 학생들의 지도 경험과 합격 사례들을 살펴보면, 합격생들에게 공통으로 나타나는 요인이 있다. 기본적으로 우수한 내신 성적과 다양한 교내활동, 자신만의 열정이 담긴 자기소개서와 학생부, 맞춤형 면접 준비, 소신 지원과 적정 지원 등이 바로 그것이다.

　흔히 학생부종합전형은 내신 성적이 다소 부족해도 합격할 수 있다고 생각하지만, 주요 대학들의 학생부종합전형 지원자들은 내신이 우수한 경우가 많기 때문에 일정 수준의 내신 성적은 반드시 확보해야 한다.

　학교 내신 성적 외에 교내활동을 비롯한 다양한 실적도 체계적으로 관리해야 한다. 특히, 수상 실적 등 실적의 양이 중요한 것이 아니라 희망 진로와의 연관성과 발전성이 중요하다. 그리고 자기소개서와 면접 등은 지원자 간에 변별력이 큰 항목이므로 반드시 희망대학의 인재상과 대학별 출제 유형에 맞추어 맞춤형으로 준비해야 한다. 학생부종합전형은 성적 중심으로 선발하는 학생부교과전형이나 정시 모집과 달리 학생부 교과와 비교과를 모두 반영해 선발하기 때문에 수험생이 적절한 지원 대학과 학과를 정하기란 쉽지 않다. 자신이 재학 중인 학교의 진학 실적을 참고하고, 자신의 학생부를 분석해 자신의 적성과 맞는 학과에 지원하는 것이 유리하다.

우수한 내신 성적이 가장 중요!

서울대 인문계열에 합격한 일반고 출신 OO의 경우 기본적으로 고교 입학 때부터 서울대 지역균형전형을 목표로 준비를 해왔다. 지역균형전형 추천을 받기 위해 1학년 때부터 전 과목에 걸쳐 1.1등급의 내신 성적을 관리해왔다.

최근 일반고의 경우 서울대 지역균형을 비롯한 다양한 추천전형을 노리는 상위권 수험생들이 많아 내신 경쟁이 굉장히 치열하다. 평소 1달 정도의 기간을 투자해 학교 중간고사 및 기말고사에 최대한 집중을 하고 학교 진도에 맞춰 수능 대비를 해왔다. 서울대 지역균형전형의 경우 수능최저학력기준을 충족하는 것도 중요하기 때문에 절대 수능 대비를 소홀히 해서는 안 된다.

다양한 교내활동에 적극적으로 참여!

이화여대 경영학과에 합격한 OO의 경우 교과 성적도 매우 우수한 학생이었지만, 교내 학생회 활동 및 경영동아리를 비롯해 매우 다양한 분야에서 교내활동을 적극적으로 참여한 점이 합격의 밑거름이 되었다. 학생회에서 부회장으로 활동하고, 자신이 희망하는 분야에 대해 자율동아리를 개설하고, 고교의 공식 동아리인 경영분야 동아리에서 다양한 활동을 하면서 학교생활기록부에 구체적인 활동 내용을 꼼꼼히 작성해왔다. 또한 자기소개서에서 자신의 다양한 활동에 대해 구체적인 활동 동기와 활동 내용, 성장 경험 등을 구체적으로 작성한 것이 좋은 평가를 받은 것으로 보인다.

📑 자기소개서는 학년별로 틈틈이!

중앙대학교 기계공학부에 학생부종합전형으로 추가 합격한 OO의 경우 자기소개서를 매 학년 방학 때마다 틈틈이 작성하고, 보완해왔다. 자기소개서를 매번 작성하면서 자신이 왜 중앙대학교에 가고 싶은지, 기계공학부에서 어떤 과목을 배우고 싶은지, 졸업 후 자신의 진로를 보다 구체화시킬 수 있었다. 또, 방학 때마다 자기소개서를 작성하면서 학교생활기록부 사본을 같이 비교하고, 분석하면서 현재 자신에게 부족한 점을 찾아 보완하기 위해 노력했다. 이런 노력으로 다른 친구들이 자기소개서와 면접 준비에 한창인 8~9월에 오히려 수능 준비에 집중할 수 있었고, 학생부종합전형 면접 대비도 보다 효과적으로 할 수 있었다.

서울 주요 대학 중 6개 대학에 지원해 최종으로 경희대학교에 합격한 OO의 경우 비록 모의고사 성적은 3등급 수준이었고, 실제 수능에서도 3등급의 성적표를 받았다. 하지만 고교 입학 후부터 학생부종합전형만을 생각해 체계적으로 입시를 준비해왔고, 평소 학교의 진학실적을 파악해 합격한 선배들의 성적대와 비교과 실적 등을 감안해 준비해왔다. 담임선생님과 진학부장선생님 등 학교 선생님들에게 다양한 조언을 구하고, 대학교 입학처 등 다양한 기관에서 수시 지원과 관련한 정보를 파악해 보다 수월하게 합격할 수 있었다. 학생부종합전형은 지원의 기준이 명확하지 않아 대다수 수험생이 주로 상향지원이나 소신지원을 많이 하는데, OO의 경우 실질적인 합격자 성적대와 실적 등을 구체적으로 파악해 지원한 것이 실제 합격에 많은 도움이 된 것으로 보인다.